Waffeln

88 Waffelrezepte für jedermann

von Jasmin Bielenfeld

Rezepte

Waffeln für Genießer 93

Süße Klassiker

1. Deftige Dessert-Waffeln

Zubereitungszeit	Backzeit	Portionen für
40 Minuten	20 Minuten	8 Waffeln

Zutaten:

Für den Teig:
250 g Mehl
1 TL Backpulver
1 Päckchen Vanillezucker
60 g Zucker
3 Eier
125 g weiche Butter
250 ml Milch

Für die Karamellsoße:
125 g Butter
175 ml Milch
250 g Zucker
1 Vanilleschote
etwa 300 ml Sahne

Außerdem:
3 Bananen
1 EL Zucker
4 Kugeln Vanilleeis
Öl

Zubereitung:

Die Butter rühren bis sie cremig wird und dabei 60 g Zucker und das Päckchen Vanillezucker langsam hinzuführen. Die Eier in die Masse untermengen. In einer anderen Schüssel die trockenen Zutaten, also Backpulver und Mehl, sieben und vermischen. Anschließend mit der Milch verrühren. Das Waffeleisen vorheizen und leicht mit dem Öl bestreichen. Die Waffeln goldbraun ausbacken und danach auf ein Gitter legen, um sie abkühlen zu lassen.

Zur Soße:

In einem Topf Butter bei geringer Hitze schmelzen lassen und danach den Zucker hinzufügen. Die Masse mit einem Holzlöffel so lange rühren bis sie eine mittelbraune Farbe bekommen hat und angenehm nach Karamell riecht. In einem separaten Topf Milch mit dem Mark der Vanilleschoten erhitzen und langsam in das heiße Karamell rühren. Die Karamell-Milch-Mischung in den Mixer für eine Minute mixen und dann kalt stellen. Später Sahne zu gleichen Teilen hinzufügen und etwas vermengen.

Nun zu den Bananen:

Die geschälten Bananen in Scheiben schneiden. In einer heißen Pfanne 1 EL Zucker geben und die Bananen goldbraun karamellisieren.
Zwei Stück Waffeln auf einen Teller legen und mit Vanilleeis, den karamellisierten Bananen und Karamellsoße garnieren.

2. Frühstückswaffeln aus Müsli mit Zwetschgenkompozz

<table>
<tr><td>

Zubereitungszeit

20 Minuten

</td><td>

Backzeit

20 Minuten

</td><td>

Portionen für

6 Waffeln

</td></tr>
</table>

Zutaten:

Für den Teig:
100 g Mehl
1/2 TL Backpulver
Ein wenig Vanillearoma
60 g Honig
100 g Butter
100 g Quark
2 Eier
80 g Müsli, ungezuckert
150 ml Mineralwasser

Für das Kompott:
1 kg Pflaumen
1 Prise Zimt

Zubereitung:

Der Teig:

In einer Schüssel Butter, Honig und Vanillearoma zu einer dickflüssigen Masse vermengen. In einer zweiten Schüssel die Eier und den Quark vermengen. Anschließend die trockenen Zutaten, Mehl, Backpulver und Müsli, in einem separaten Behälter vermischen. Die Quark- und Trockenmischung nach und nach in die Buttermasse unterrühren und auf die Konsistenz achten. So lange Wasser hinzufügen, bis der Teig eine zähflüssige Masse ergibt. Den Teig wegstellen und 30 Minuten quellen lassen. Das Waffeleisen erhitzen und mit etwas Öl bestreichen. Etwa 2 EL in das Waffeleisen geben und 2-3 Minuten ausbacken, bis die Waffel goldbraun ist.

Das Kompott:

Die Zwetschgen waschen und halbieren. Die Zwetschgen in einem Topf bei geringer Hitze mit dem Zimt verrühren und aufkochen lassen. Das Kompott so lange köcheln lassen, bis es eine dickflüssige Konsistenz hat. Am Schluss Waffeln gemeinsam mit dem Kompott auf einem Teller servieren. Am besten warm verzehren.

3. Kaffee-Waffeln

Zubereitungszeit	Backzeit	Portionen für
20 Minuten	20 Minuten	8 Waffeln

Zutaten:
150 g Mehl
1 TL Backpulver
80 g Zucker
1 Päckchen Vanillezucker
2 Beutel Instant Cappuccino-Pulver
100 g Margarine
3 Eier
150 ml Milch

Zubereitung:
Die Milch in einem Topf erhitzen und das Kaffeepulver hinzufügen. So lange umrühren, bis es ganz aufgelöst ist. Die Margarine mit den Eiern und den Zuckersorten cremig schlagen. In einer separaten Schüssel Mehl und Backpulver vermengen und anschließend abwechselnd mit der Kaffeemilch in die Buttermasse einrühren. Das Waffeleisen vorheizen und mit etwas Butter einfetten. Die Waffeln goldbraun ausbacken und eventuell mit etwas Ahornsirup servieren.

4. Köstliche Bitterschokolade-Waffeln

Zubereitungszeit	Backzeit	Portionen für
30 Minuten	20 Minuten	5 Waffeln

Zutaten:

280 g Mehl

60 g ungesüßter Kakaopulver

40 g braunen Zucker

2 TL Backpulver

1 TL Natron

1 TL Salz

3 Eier

450 ml Buttermilch

110 ml Olivenöl

1 TL Vanillezucker

170 g Bitterschokolade

Öl

Zubereitung:

In einer großen Schüssel Mehl, Kakaopulver, braunen Zucker, Backpulver, Natron und Salz vermengen. Eigelb und Eiweiß teilen und anschließend das Eiweiß so lange schlagen, bis ein fester Schnee entsteht. In einer zweiten Schüssel Eigelb, Buttermilch, Olivenöl und Vanillezucker zusammenrühren. Einen Topf mit Wasser zum Kochen bringen. Die Schokolade in eine zweite hitzebeständige Schüssel brechen und über dem Wasserdampf langsam schmelzen. Die Mischung gemeinsam mit dem Eischnee in die trockene Mischung unterrühren und die Bitterschokolade untermengen. Den Eischnee nur so lange unterheben, bis er gerade gut mit den anderen Zutaten vermischt ist. Das vorgeheizte Waffeleisen mit Öl bepinseln und die Waffeln goldbraun ausbacken. Die luftigen Waffeln auf einem Teller legen und nach Geschmack mit Schlagsahne oder Schokoladenstreusel anrichten. Warm genießen.

5. Luftige Waffeln mit Schlagsahne

Zubereitungszeit	Backzeit	Portionen für
10 Minuten	20 Minuten	15 Waffeln

Zutaten:
350 g Mehl
1 Päckchen Vanillezucker
3 TL Backpulver
175 g Zucker
1 Prise Salz
200 g Butter
6 Eier
350 ml Milch
etwas Zitronensaft
200ml Schlagsahne
Puderzucker

Zubereitung:

Zuerst Mehl, Salz und Backpulver miteinander in einer Rührschüssel vermischen. Die Butter schon vorher aus den Kühlschrank nehmen, so dass sie besser verarbeitet und anschließend mit den Eiern, dem Zucker und der Packung Vanillezucker schaumig gerührt werden kann. Die Mehlmischung und die Milch anschließend abwechselnd in die Buttermasse einrühren, bis der Teig schön dickflüssig vom Löffel fällt. Wie viel Milch gebraucht wird hängt von der Größe der Eier ab. Zum Abschluss den Teig mit etwas Zitronensaft verfeinern und nachfolgend mit dem Waffeleisen goldgelb ausbacken. Der Backvorgang kann 5-8 Minuten dauern. Danach die Sahne mit etwas Zucker in einer Schüssel steif schlagen. Die Waffeln mit etwas Puderzucker bestäuben und 1-2 EL Sahne neben der Waffel platzieren.

6. Schnelle Waffeln mit fruchtiger Sahnecreme

Zubereitungszeit	Backzeit	Portionen für
40 Minuten	20 Minuten	5 Waffeln

Zutaten:

Für die Waffeln:
125 g Weizenmehl
1 TL Backpulver
75 g Zucker
125 g weiche Butter
3 Eier
50 g gemahlene Mandeln
Puderzucker
Öl

Für die Sahnecreme:
200 g kalte Sahne
30 g Zucker
250 g Erdbeeren
1 Päckchen Gelatine Fix (15 g)

Zubereitung:

Die Waffeln:

Ein wenig Öl in eine Pfanne geben und Mandeln braun anrösten. Nach dem Rösten sofort auf einen kalten Teller geben. Für den Teig Mehl und Backpulver in eine Schüssel sieben und gut vermengen. Dann Zucker, Butter und Eier in die trockenen Zutaten einrühren und abschließend die gerösteten Mandeln unterheben. Das Waffeleisen auf mittlerer Hitze vorheizen und mit etwas Öl einpinseln. Pro Waffel 2-3 EL der Masse in die Mitte des Waffeleisens platzieren und verteilen. Die Waffeln goldbraun ausbacken und auf einem Kuchengitter erkalten lassen.

Nun zu der Creme:

Die Erdbeeren waschen und das Grüne heraus schneiden. Dabei 5 Erdbeeren für die Garnierung zurücklegen. Die restlichen Erdbeeren werden mit dem Zucker püriert. In einer zweiten Rührschüssel Sahne steif schlagen und die Gelatine-Packung langsam in den Schnee einrieseln. Schlussendlich die Erdbeeren unterrühren und die Creme in ein Gefäß geben, um sie anschließend in den Kühlschrank zu geben. Die Waffeln mit einem Klecks Erdbeercreme servieren und mit ein wenig Erdbeeren garnieren.

7. Schoko Waffeln

Zubereitungszeit	Backzeit	Portionen für
20 Minuten	10 Minuten	4 Waffeln

Zutaten:

100 g Mehl
1 TL Backpulver
¼ TL Zimt
¼ TL Natron
¼ TL Salz
40 ml Kakaopulver
3 EL Zucker
125 ml Milch
1 Ei
¼ TL Vanilleextrakt
2 EL Margarine
2 EL Schokolade, gehackt
1 EL Walnüsse, fein gehackt

Zubereitung:

In eine Schüssel folgende Zutaten zusammenmischen: Zucker, Kakaopulver, Mehl, Backpulver, Zimt, Natron und Salz. Das Eigelb vom Eiweiß trennen. Das getrennte Eiweiß steif schlagen und das Eigelb verquirlen. Eine zweite Schüssel zur Hand nehmen und Milch, Eigelb, Margarine und Vanilleextrakt zusammenrühren. Die flüssige Masse zu der Schüssel mit den trockenen Zutaten geben und anschließend den Eischnee untermengen. Den Teig 5 Minuten ruhen lassen. Während der Teig ruht kann das Waffeleisen vorgeheizt und mit Margarine eingefettet werden. Den Teig 5-8 Minuten goldbraun ausbacken und eventuell auf einem Gitter auskühlen lassen. Die Waffeln mit Puderzucker bestreuen und servieren.

8. Traditionelle Waffeln mit Früchte und Schokolade

Zubereitungszeit	Backzeit	Portionen für
40 Minuten	20 Minuten	6 Waffeln

Zutaten:

Für den Teig:
20 g Mehl
1 TL Backpulver
1 Päckchen Vanillezucker
50 g Zucker
125 g weiche Butter
3 Eier
Prise Salz
500 g Joghurt
1/8 L Milch

Für den Obstsalat:
500 g Erdbeeren
2 große Bananen
2-3 EL Zitronensaft
2 EL Zucker

Für die Schokoladensoße:
100 g Zartbitterschokolade
125 g Schlagsahne

Zubereitung:

Der Obstsalat:
Die Erdbeeren verlesen, waschen und putzen. Sobald sie abgetropft sind in Halbe oder Viertel schneiden. Die Bananen schälen und anschließend in mittelgroße Scheiben schneiden. Das Obst vermischen und mit Zitronensaft und 2 EL Zucker vermengen.

Die Schokoladensoße:
Die Sahne in einem Topf auf mittlerer Hitze erwärmen. Die Zartbitterschokolade zerstückeln und in der Sahne schmelzen lassen. Die Soße am besten warm halten, bis die Waffeln fertig sind.

Die Waffeln:
Die Butter mit Zucker, einem Päckchen Vanillezucker und einer Prise Salz mit einem elektrischen Handrührgerät zu einer Masse mit cremiger Konsistenz rühren. Die Eier und 50 g Mehl untermengen. Die restlichen 200 g Mehl in einer separaten Schüssel mit Backpulver vermengen und die Trockenmischung gemeinsam mit 150 g Joghurt und der Milch zu in die Buttermasse unterrühren. Das Waffeleisen fein mit Öl einfetten und erhitzen. Etwa 2-3 EL Teig in die Mitte des Eisens geben und verteilen. Nach etwa 2 Minuten sollten die Waffeln goldbraun und fertig zum Genießen sein. Den Vorgang mit den übrigen Teig wiederholen. Die Waffeln auf ein Teller legen und mit Obstsalat und dem Rest des Joghurts servieren. Die warme Schokoladensoße am Schluss über die Waffel gießen.

9. Vanille-Waffeln mit Joghurt

Zubereitungszeit	Backzeit	Portionen für
30 Minuten	10 Minuten	8 Waffeln

Zutaten:
75 g Mehl
75 g Speisestärke
1 TL Backpulver
75 g Puderzucker
1 Prise Salz
75 g weiche Butter
200 g Vanille-Joghurt oder ohne Geschmack
3 Eier
Öl für das Waffeleisen

Zubereitung:
Alle Zutaten miteinander in einer großen Schüssel verrühren. Fällt der Teig dickflüssig vom Löffel, kann er verwendet werden. Falls nicht, noch etwas Mehl oder Joghurt hinzufügen. Das Waffeleisen aufheizen und mit ein wenig Öl benetzen, damit die Waffeln später nicht hängen bleiben. Eine Waffel nach der anderen goldbraun ausbacken und warm servieren.

Tipp: Mit ein wenig Apfelmus und Vanille-Joghurt auf der Seite lassen sich die kleinen Köstlichkeiten noch besser genießen.

10. Waffeln aus Malz mit Pfirsichspalten

<table>
<tr><td>Zubereitungszeit
30 Minuten</td><td>Backzeit
20 Minuten</td><td>Portionen für
3 Waffeln</td></tr>
</table>

Zutaten:

Für den Teig:
140 g Malzmehl
150 ml Wasser
1 Ei
2 EL geschmolzene Butter

Für den Pfirsich:
2 EL braunen Zucker
1 großer Pfirsich, etwas unreif
2 EL würzigen Rum
2 EL Vanilleextrakt
1 ½ EL Butter
1 Prise Salz

Zubereitung:

Den Pfirsich:

Den Pfirsich vierteln und mit Zucker und einer kleinen Prise Salz bestreuen. Dabei gut darauf achten, dass jedes Pfirsichstück Zucker und ein wenig Salz abbekommt. In einer kleinen Pfanne Butter schmelzen und anschließend mit dem Vanilleextrakt oder Vanillearoma vermischen. Die Pfirsichstücke hinzufügen und immer wieder etwas umrühren, um alle Pfirsichstücke mit der Butter-Zucker-Mischung zu benetzen. Diesen Vorgang wiederholen bis auch der Zucker in die Butter geschmolzen ist. Danach den Rum in die Pfanne schütten und umrühren und die Mixtur bis zum Servieren kalt stellen.

Der Teig:

Die Eier gemeinsam mit Wasser in einer Schüssel zusammenrühren. Dann das Malzmehl in die Mischung sieben und gut vermengen. Anschließend die flüssige Butter untermengen und eine Minute ruhen lassen. Das eingefettete Waffeleisen aufheizen, etwa 2-3 EL des Teigs in das Eisen hineingeben und die Waffeln goldbraun ausbacken. Warm mit den kalten Pfirsichen servieren und genießen.

11. Waffeln aus Schmand mit Früchteüberraschung

Zubereitungszeit	Backzeit	Portionen für
60 Minuten	20 Minuten	8 Waffeln

Zutaten:

Für den Teig:
300 g Mehl
1 Päckchen Vanillezucker
1 TL Backpulver
220 g Zucker
Prise Salz
250 g Schmand
250 g Butter, weich
3 Eier
Öl

Für die Grütze:
500 g verschiedene Beeren
¼ L Kirschnektar
1 EL Speisestärke
2 EL Zucker

Zubereitung:

Die Grütze:

Die Beeren waschen, putzen und verlesen. Nachdem die Früchte abgetropft sind in Viertel schneiden. In einer kleinen Schüssel 5 EL Nektar mit der Speisestärke so lange vermengen, bis sie aufgelöst ist. Der Rest des Nektars wird mit 2 EL Zucker aufgekocht. Anschließend kann nach und nach die Stärke hinzugegeben werden. Die Mischung aufkochen lassen. Nach ca. 2 Minuten köcheln, Beeren in die Grütze untermengen und auskühlen lassen.

Der Teig:

In einer großen Schüssel weiche Butter mit Zucker, ein Päckchen Vanillezucker und einer Prise Salzig so lange rühren, bis eine cremige Masse entsteht. Die Eier langsam mit untermengen. In einer zweiten Schüssel Mehl und Backpulver miteinander vermischen und nach und nach mit dem Schmand in die Buttermasse unterrühren. Mit ein wenig Öl das Waffeleisen bestreichen und etwa 2 EL Teig pro Waffel in die Mitte setzen und verstreichen. Am besten noch warm mit Schmand und roter Grütze servieren.

12. Waffeln mit roten Beeren und Schlag

Zubereitungszeit	Backzeit	Portionen für
50 Minuten	30 Minuten	4 Waffeln

Zutaten:

Für den Teig:
250 g Mehl
50 g Zucker
20 g Hefe (halber Würfel)
380 ml Milch (Raumtemperatur)
80 g Butter
3 Eier

Für Schlagsahne und Co.:
2 EL Puderzucker
200 ml Schlagsahne
300 g rote Beeren
1 Päckchen Vanillezucker
1 TL Speisestärke

Zubereitung:

Die Waffeln:
Zuerst eine große Schüssel zur Hand nehmen und darüber ein Sieb stellen. Das Mehl hineinsieben und mit einem Löffel eine kleine Vertiefung in der Mitte formen. Die Hefe in die Mulde bröckeln und mit 4 EL lauwarme Milch und 1 EL Zucker glatt rühren. Den Vorteig dann ca. 15 Minuten zum Ruhen wegstellen. Nun die Butter (am besten bei Zimmertemperatur) mit der übrigen Milch auflösen. Die Milch-Hefe-Mischung nach der Ruhezeit gemeinsam mit den Eiern und dem Zucker zum Vorteig hinzufügen. Anschließend mit einem Knethaken zu einem dickflüssigen Teig verrühren und 20 Minuten gehen lassen. Das Waffeleisen fein mit Öl oder Butter einfetten und 1-2 EL des Teiges in die Form geben. Goldbraun ausbacken. Gemeinsam mit dem Puderzucker wird die Sahne steif geschlagen.

Zu den Beeren:
Unter Wasser waschen und verlesen. Speisestärke in kaltem Wasser auflösen und den Johannisbeersaft gemeinsam mit dem Vanillezucker in einem Topf aufkochen lassen. Mit der Speisestärke binden und die roten Früchte dazugeben. Die Waffel mit Sahne garnieren und das abgekühlte Früchtegemisch darüber gießen.

Tipp: Am besten werden diese Waffeln genossen, indem man Sahne auf eine Waffel streicht, dann eine zweite darüber legt und mit der Früchtemischung übergießt.

Exotische Waffeln

13. Buttermilchwaffeln mit Ananasstücken

Zubereitungszeit	Backzeit	Portionen für
40 Minuten	20 Minuten	14 Waffeln

Zutaten:

250 g Mehl
1 TL Backpulver
150 g Zucker
50 g brauner Zucker
2 Päckchen Vanillezucker
150 g weiche Butter
4 Eier
250 ml Buttermilch

4 EL Rum
3 EL Zitronensaft
100 g Pinienkerne
1 Ananas
1 Prise Salz
Puderzucker
Zitronenmelisse
Alufolie
Öl

Zubereitung:

In einer Pfanne 100 g Zucker auf kleiner Flamme karamellisieren. 50 g Pinienkerne hinzufügen, wenn der Zucker goldgelb karamellisiert ist. Sobald die Pinienkerne in der Pfanne sind, die ganze Mischung auf eine Alufolie geben und erkalten lassen. Die Ananas schälen und das Fruchtfleisch ohne den harten Stamm fein würfelig schneiden. In einer Pfanne etwa 25 g Butter zum Schmelzen bringen und die Ananasstücke hinzufügen. Das Ganze so lange umrühren, bis jedes Ananasstück mit Butter bedeckt ist. Danach ein wenig anbraten. Braunen Zucker zu der Mixtur hinzufügen und ein wenig karamellisieren. Anschließend etwas Zitronensaft und Rum dazugeben und etwas heiß werden lassen. Zum Abkühlen beiseite stellen. Die übrigen 50 g Pinienkerne grob hacken. 125 g Butter, 50 g Zucker, Vanillezucker und eine Prise Salz mit einem elektrischen Handrührgerät cremig rühren. Langsam die Eier nachgeben und beiseite stellen. Die trockenen Zutaten, Mehl und Backpulver, in einer anderen Schüssel vermengen. Dann nach und nach gemeinsam mit der Buttermilch in die Buttermasse unterrühren und die gehackten Pinienkerne untermengen. Die Masse 10 Minuten lang ruhen lassen. Ein rechteckiges Waffeleisen leicht mit Öl bepinseln und 1-2 EL der Masse hineingeben. Etwas verteilen und goldbraun ausbacken. Nachdem sie ausgebacken sind, auf einem Kuchengitter auskühlen lassen. Eine Waffel auf einen Teller legen und mit Puderzucker anzuckern. Mit der Ananas, der Zitronenmelisse und abgebrochenen Stücken des Pinien-Karamells garnieren.

14. Gesunde Waffeln mit Chiasamen

Zubereitungszeit	Backzeit	Portionen für
5 Minuten	10 Minuten	2 Waffeln

Zutaten:

3 EL Chiasamen, gehäuft
2 Bananen
4 Eier
1 Prise Salz
Kokosöl
Zimt

Zubereitung:

Etwas überreife Bananen schälen und in eine Schüssel legen. Mit den Stabmixer oder mit den Standmixer pürieren. Die Eier verquirlen und zu den Bananen dazugeben. Gut verrühren und Zimt und Salz dazugeben. Zum Abschluss Chiasamen unterheben und fertig ist der Teig. Das Waffeleisen auf mittlere Stufe erhitzen und dünn mit Kokosöl bepinseln. Der Teig ist flüssig, deswegen sollte man ihn nur vorsichtig in das Waffeleisen gießen. Zu etwa ¾ füllen und dann schließen. Für 3-4 Minuten goldbraun ausbacken. Beim Servieren mit Marmelade und Früchte garnieren.

15. Karibische Waffeln

Zubereitungszeit	Backzeit	Portionen für
30 Minuten	20 Minuten	10 Waffeln

Zutaten:

250 g Mehl
1 TL Backpulver
40 g Zucker
150 g weiche Butter
3 Eier
30 g und 2 EL Kokosraspel
200 ml Kokosmilch

2 reife Mangos
1 reife Papaya
1 EL Zitronensaft
1-2 EL Orangenlikör
Kokoschips
Kokosöl

Zubereitung:

Die Butter, den Zucker und das Salz in einer großen Schüssel zu einer cremigen Masse verrühren. Die Eier eins nach dem anderen unterrühren und die Mischung beiseite stellen. In einer zweiten Schüssel Mehl, Backpulver und 30 g Kokosraspeln gut vermengen. Anschließend die trockenen Zutaten abwechselnd mit der Kokosmilch in die Schüssel mit der Buttermasse untermengen. Das Waffeleisen vorheizen und mit etwas Kokosöl bepinseln. Die Waffeln goldbraun ausbacken. Die Waffeln nacheinander hinausgeben und auf einem Kuchengitter abkühlen lassen. Mangos und Papayas waschen, schälen und eventuell schlechte Stücke heraus schneiden. Den Kern der Mango entfernen und das Fruchtfleisch würfelig schneiden. Die Papaya in die Hälfte schneiden und Kerne entfernen. Dies gelingt am besten mit einen kleinen Löffel. Auch diese Frucht in Würfel schneiden und anschließend mit den Mangostücken vermengen. Zwei Esslöffel von dem Fruchtmix in einen Standmixer gemeinsam mit dem Zitronensaft und den Orangenlikör geben und gut pürieren. Dann mit den restlichen Früchten vermischen. Kleine Gläser hernehmen und den Früchtemix platzieren. Die einzelnen Waffelherzen in die Gläser stecken. Danach Kokoschips und Kokosraspeln auf die Herzen nieseln lassen.

16. Palmen-Waffeln

Zubereitungszeit	Backzeit	Portionen für
20 Minuten	20 Minuten	8 Waffeln

Zutaten:
350 g Mehl
½ Päckchen Backpulver
250 g Zucker
2 Eier
100 ml Milch
½ Dose Kokosmilch
Kokosöl
Puderzucker
Kokosraspeln

Zubereitung:

Das Mehl und das Backpulver in eine Schüssel sieben und gut vermengen. Die Eier in einem Glas verquirlen und zu den trockenen Zutaten hinzufügen. Die Milch langsam einrühren und danach den Zucker unterrühren. Falls der Teig an dieser Stelle zu trocken ist, ist es ratsam noch etwas Kokosmilch oder normale Milch dazuzugeben. Falls er zu feucht ist, etwas Mehl dazugeben. Das Waffeleisen vorheizen und mit ein wenig Kokosöl bepinseln. Die Waffeln für ein paar Minuten backen, so dass sie goldbraun werden. Wer möchte kann das Waffeleisen auch auf eine höhere Stufe einstellen, um die Waffeln knuspriger zu machen. Die Waffeln auf einen Teller geben und eventuell mit etwas Puderzucker und Kokosraspeln garnieren.

17. Tropische Waffeln

Zubereitungszeit	Backzeit	Portionen für
80 Minuten	20 Minuten	10 Waffeln

Zutaten:
250 g Mehl
1 Päckchen Trockenhefe
50 g Zucker
75 g weiche Butter
3 Eier
250 ml Milch
110 g Mangofruchtfleisch
2 Päckchen geriebene Orangenschale
Physalis
Öl

Zubereitung:
Die Mangos schälen und das Fruchtfleisch in ein hohes Gefäß geben, um es mit den Pürierstab zu zerkleinern. In einer Schüssel Mehl mit Zucker, Trockenhefe und Orangenschale vermischen. Butter mit Milch, Eier und Mangopüree verrühren und das Ganze in die Schüssel mit den trockenen Zutaten unterheben. Der Teig sollte nun dickflüssig sein und 1 Stunde zugedeckt warm gehen gelassen werden. Nach der Ruhestunde das Waffeleisen mit Öl bepinseln und vorheizen. Das Waffeleisen zu ¾ mit Teig füllen und anschließend ca. 5 Minuten goldbraun ausbacken. Die Mango-Waffeln anschließend mit fruchtiger Marmelade und Physalis garnieren.

Tipp: Wenn es Sommer ist kann der Rührteig bei Sonnenschein am Fensterbrett und im Winter über einen Heizkörper stehen gelassen werden, dass er schön aufgeht.

18. Urlaubswaffeln

Zubereitungszeit	Backzeit	Portionen für
20 Minuten	20 Minuten	6 Waffeln

Zutaten:

125 g Mehl
½ TL Backpulver
25 g Zucker
1 große Vanilleschote
70 g Butter
2 Eier
75 ml Milch
50 ml Kokosnusslikör
1 EL Kokosraspel
1 große Ananas
3 EL Puderzucker
2 EL Kokosraspeln
500 g Ananaseis

Zubereitung:

Die Butter mit den Kokosraspeln, den Zucker und den Vanillemark der Vanilleschote in einer großen Schüssel mit einem elektrischen Handrührgerät verrühren. Während des Rührens die Eier eins nach dem anderen dazugeben. Abwechselnd Milch und Kokosnusslikör unter die Mixtur rühren und Mehl und Backpulver untermengen. Die Ananas in feine Scheiben schneiden und beiseite legen. Das Waffeleisen vorheizen und mit etwas Butter oder Kokosöl einfetten. Die Waffeln nacheinander goldbraun ausbacken. Jeweils zwei Waffeln auf einen Teller legen, mit Puderzucker bestäuben und einige Kokoshobeln über sie nieseln lassen. 1 Kugel Ananaseis über oder neben der Waffel geben und Ananasscheiben in das Eis stecken. Sofort servieren, bevor das Eis schmilzt.

Pikante Waffeln

19. Arabische Waffeln

Zubereitungszeit	Backzeit	Portionen für
20 Minuten	15 Minuten	8 Waffeln

Zutaten:

300 g Falafel-Mix

100 ml Olivenöl

2 EL Rotweinessig

1 Ei

3 EL Zitronensaft

1 Gurke ohne Samen

½ kg Cherrytomaten

½ rote Zwiebel

1 Bündel frische Korianderblätter

1 Bündel frische Petersilienblätter

85 g Feta Käse

Ein wenig Dill zum Garnieren

Zubereitung:

In einer großen Schüssel Falafel-Mix mit der Hälfte des Olivenöls und einem verquirlten Ei gemeinsam mit Wasser, so wie es von der Packung verlangt wird, zusammenmischen. Die Mischung 15 Minuten ruhen lassen und dabei schon mal die Zwiebel in feine Scheiben schneiden. Darauf folgend in kaltes Wasser legen. In einem Standmixer folgende Zutaten mixen: Koriander, Petersilie, Zitronensaft, Rotweinessig und ½ TL Pfeffer. So lange mixen, bis alle Zutaten fein zerhackt und vermischt sind. Anschließend den Rest des Olivenöls in den Mixer geben. Die Gurke würfeln und die Cherrytomaten in Halbe schneiden. Den Feta in kleine Würfel schneiden. Die Hälfte der Essigmischung in eine Schüssel über Tomaten, Gurke und Feta gießen und umrühren, so dass jedes Stück etwas von der Mischung abbekommt. Den Rest des Essigs beiseite stellen. Das Waffeleisen vorheizen und mit ein wenig Öl oder Butter leicht bepinseln. Dann einen großen Esslöffel des Falafel-Mix in die Form geben und verteilen. Das Waffeleisen schließen und etwa 3-5 Minuten goldbraun ausbacken.Die Zwiebelscheiben abtrocknen und zu den Salat dazugeben. Diesen anschließend neben der Waffel auf einem Teller servieren und über Waffel und Salat etwas Dressing träufeln. Etwas Dill auf die Waffel platzieren und sofort verzehren.

20. Blumenkohl-Waffeln mit Käse

Zubereitungszeit	Backzeit	Portionen für
20 Minuten	10 Minuten	8 Waffeln

Zutaten:

300 g Blumenkohl

300 g geriebenen Mozzarella

70 g geriebenen Parmesan

30 g Maisstärke

3 große Eier

1 TL Paprikapulver

1 Prise Salz

Pfeffer

Zubereitung:

Den Blumenkohl waschen und grob reiben. Diesen anschließend mit den verquirlten Eiern, den geriebenen Käse, Paprikapulver und Maisstärke vermengen und gut mit Salz und Pfeffer abschmecken. Etwa 2-3 EL der Masse in ein vorgeheiztes mit etwas Butter oder Öl eingefettetes Waffeleisen geben und ca. 6-8 Minuten goldgelb ausbacken. Das Ganze mit einem Topping nach Wunsch servieren.

Tipps: Als Topping könnte man folgende Zutaten benutzen:

#1 ein Spiegelei mit Petersilie garniert.

#2 Etwas Guacamole

#3 Wie ein Burger mit ein wenig Grünzeug und angebratenen Speck.

21. Dekadente Kartoffel-Waffeln

Zubereitungszeit	**Backzeit**	**Portionen für**
5 Minuten	30 Minuten	8 Waffeln

Zutaten:

Für den Teig:
60 g Mehl
½ kg Kartoffeln
60 ml Buttermilch
4-5 Frühlingszwiebeln
85 g Cheddar
2 große Eier
2 EL weiche Butter
½ TL Backpulver
¼ TL Natron
1 TL Salz
Öl oder Butter zum Einfetten

Für den Dip:
120 ml Sour Cream
120 ml Buttermilch
½ TL Paprika
1 Prise Knoblauch

Zubereitung:

Die Kartoffeln kochen, schälen und zu Brei zerstampfen. Danach auskühlen lassen. Den Brei mit Buttermilch, Frühlingszwiebeln, Cheddar, Eier und Butter in einer großen Schüssel gut verrühren. Anschließend Mehl, Backpulver, Natron und Salz in einer kleineren Schüssel vermengen. Das Waffeleisen vorheizen und mit etwas Öl oder Butter leicht einfetten. Etwa ¾ des Eisens mit Teig füllen und verteilen. Die Waffeln jeweils 5-8 Minuten goldbraun ausbacken und währenddessen den Sour Cream Dip anrühren. Dazu einfach alle Zutaten in einer Schüssel zusammenrühren und eventuell mit Salz und Pfeffer abschmecken. Die Waffeln mit dem Dip auf einen Teller anrichten und mit Frühlingszwiebelstücken garnieren.

Tipp: Statt weiche Butter kann man auch das übrige Fett vom Speck zum Anbraten verwenden. Dadurch bekommt das Ganze noch mehr Geschmack. Masse hineingeben. Etwas verteilen und goldbraun ausbacken. Nachdem sie ausgebacken sind, auf einem Kuchengitter auskühlen lassen. Eine Waffel auf einen Teller legen und mit Puderzucker anzuckern. Mit der Ananas, der Zitronenmelisse und abgebrochenen Stücken des Pinien-Karamells garnieren.

22. Feurige Chili-Waffeln

Zubereitungszeit	Backzeit	Portionen für
60 Minuten	40 Minuten	6-8 Waffeln

Zutaten:

Für die Waffeln:
160 g Mehl
190 g Maismehl
1 EL Backpulver
60 g Zucker
80 ml Öl
6 Eier
1 Prise Salz

Für das Chili:
800 g Rinderhack
30 g Mehl
2-3 EL braunen Zucker
½ Zwiebel
Ein wenig Sellerie
Ein paar Knoblauchzehen

Paprikapulver
Chili-Pulver
Oregano
Chili-Bohnen
Tomaten
Tomatensaft

Zubereitung:

Die Waffeln:

Eier, Öl und Milch in einer Schüssel gut verrühren. Die Eier verquirlen und langsam in den Teig rühren. In einer zweiten Schüssel Mehl, Maismehl, Backpulver, Zucker und Salz gut vermengen. Anschließend die feuchten Zutaten zu der Mehlmischung geben und abwechselnd mit der Milch zu einen gleichmäßigen Teig verrühren. Eventuell noch ein paar Esslöffel Milch hinzufügen, wenn der Teig zu trocken ist. Die Waffeln in einem vorgeheizten und eingefettetes Waffeleisen goldbraun ausbacken und zum Warmhalten in den Ofen bei 80°C geben.

Nun zum Chili:

Die Zwiebel schälen und fein schneiden. Die Knoblauchzehen genau wie mit den Sellerie ganz fein zerhacken. Die Butter in einem großen Topf bei viel Hitze zerlassen und Zwiebeln, Knoblauch und Sellerie hinzufügen. Sobald es leicht braun wird kann die Hitze ein wenig zurückgestellt werden und Fleisch, Chili-Pulver, Paprikapulver und Oregano dazugegeben werden. Anschließend salzen und pfeffern. Das Fleisch kochen bis es etwas bräunlich geworden ist. Anschließend je nach Geschmack ein paar Bohnen und gewürfelte Tomaten hinzufügen. Tomatensaft und Maismehl in einer kleinen Schüssel glatt rühren und ebenfalls in den Topf geben. Abschließend ein paar Esslöffel braunen Zucker in das Fleisch rühren und für 20 Minuten köcheln lassen bis das Chili dickflüssig geworden ist.2-3 Waffeln türmen und mit 1-2 Löffel Chili und ein wenig Cheddar-Käse servieren und genießen.

23. Gesunde Zucchini-Karotten-Waffeln

Zubereitungszeit	Backzeit	Portionen für
30 Minuten	20 Minuten	8 Waffeln

Zutaten:

Für den Teig:
150 g Weizenmehl
2 TL Backpulver
60 g Speisestärke
100 g Zucker
1 Päckchen Vanillezucker
200 g Margarine
3 Eier
200 g Karotten
100 g Zucchini
1 Prise Salz

Für den Dip:
200 g kalte Sahne
2 EL Zitronensaft
3 EL Honig
100 g Karotten
1 Messerspitze Zimt

Zubereitung:

Die Waffeln:

Die Karotten waschen, schälen und grob reiben. 100g der Karotten zusammen mit den Zitronensaft vermengen und beiseite Stellen. Die Zucchini ebenfalls waschen, eventuell dunkle Stellen herausschneiden und grob reiben. Margarine in einer Schüssel mit dem elektrischen Handrührgerät cremig schlagen und Zucker, Vanillezucker und Salz unterrühren. Es sollte eine homogene Masse entstehen. Die Eier aufschlagen und eines nach dem anderen der Masse hinzufügen. In einer separaten Schüssel Mehl, Backpulver und Speisestärke vermengen und in die Buttermasse untermengen. Anschließend Zucchini und Karotten unterheben und beiseite Stellen. Das Waffeleisen auf hoher Hitze vorheizen und ein wenig einfetten. 2-3 EL in die Mitte des Eisens geben und ein wenig verteilen. Die Waffeln einige Minuten lang goldbraun ausbacken und auf einem Kuchengitter abkühlen lassen.

Der Dip:

Die Sahne steif schlagen und mit Honig, Zimt und Karotten vermengen.
Die Waffeln auf einen Teller servieren und mit dem Karotten-Dip garnieren.

24. Italienische Mozzarella-Waffeln

Zubereitungszeit	Backzeit	Portionen für
30 Minuten	30 Minuten	8 Waffeln

Zutaten:
125 g Mehl
100 g italienische Brotkrümchen
2 große Eier
2 EL Milch
16 Mozzarella Sticks
1 Prise Salz
Etwas Petersilie
Etwas Tomatensoße
Öl

Zubereitung:
3 flache Schüsseln bereitstellen. In die erste das Mehl. In die zweite die 2 Eier verquirlen und mit Milch aufschütten. Alles gut durchmischen. In die letzte Schale kommen die Krümel mit etwas Salz vermischt. Die Mozzarella Sticks in das Mehl, in die Eiermischung und abschließend in die Schale mit den Krümel wälzen. Ein Waffeleisen mit ein wenig Öl bepinseln und mit Mozzarella Sticks Seite an Seite befüllen. Das Ganze 4 Minuten goldbraun ausbacken. Die Mozzarella-Waffeln mit etwas Petersilie garnieren und als Snack oder Beilage mit einer Tomatensoße servieren.

25. Kartoffelpuffer-Waffeln

Zubereitungszeit	Backzeit	Portionen für
40 Minuten	20 Minuten	10 Waffeln

Zutaten:

Für die Waffeln:
4-6 EL Mehl
1 Zwiebel
1 kg Kartoffeln
3 Eier
1 TL Salz

Für das Kompott:
750 g Elstar Äpfel
2 EL Zitronensaft
5 EL Apfelsaft
4 EL Zucker
Öl

Zubereitung:

Das Apfelkompott:

Die Äpfel schälen, vierteln und die Kerne herausschneiden. Eventuell schlechte Stellen ausschneiden. Die Äpfel in kleine Stückchen schneiden und mit Zitronen- und Apfelsaft in einem Topf gemeinsam mit Zucker vermengen. Den Herd aufdrehen und unter ständigen rühren etwa 10 Minuten köcheln lassen, so dass die Apfelstücke gerade weich sind.

Die Waffeln:

Die Kartoffeln und die Zwiebel schälen und waschen. Anschließend fein reiben und die in dem Gemüse enthaltene Flüssigkeit in einem Sieb abtropfen lassen. Die Masse mit den Eiern und dem Salz vermengen und darauffolgend 4 EL Mehl hinzufügen. Die Konsistenz der Masse sollte nicht zu flüssig sein. Ansonsten noch mehr Mehl dem Teig hinzuführen. Das Waffeleisen vorheizen und leicht mit Öl benetzen. 3-4 EL der Masse in das Eisen geben und schön goldbraun ausbacken. Das Ganze kann anschließend auf einen Teller gemeinsam mit den Apfelkompott serviert werden.

Tipp: Wer mag kann ein wenig Muskatnuss dem Teig hinzufügen. Dadurch werden die Waffeln eher pikant und können statt dem Apfelkompott zu einem Joghurt-Knoblauch-Dip gegessen werden.

26. Kartoffelpüree-Waffeln

Zubereitungszeit	Backzeit	Portionen für
20 Minuten	20 Minuten	6 Waffeln

Zutaten:

125 g Mehl
Fertig-Püree
2 Eier
125 ml kalte Milch
100 g Speckwürfel
1 Bund Schnittlauch
Salz und Pfeffer zum Abschmecken

Zubereitung:

Das Fertig-Püree gemeinsam mit der Milch anrühren. Die Eier, das Mehl und die Speckwürfel mit dem Schnittlauch unter das Püree mengen. Die Masse je nach Geschmack würzen. Das Waffeleisen vorheizen und mit etwas Fett (Öl oder Butter) benetzen. Den Teig in die Mitte des Waffeleisens geben und dann etwas verteilen. Die Waffeln goldbraun ausbacken und sofort servieren.

27. Käsige Nudelwaffeln

<table>
<tr><td>Zubereitungszeit
40 Minuten</td><td>Backzeit
20 Minuten</td><td>Portionen für
15 Waffeln</td></tr>
</table>

Zutaten:

200 g Makkaroni Nudeln
150 g Cheddar
2 EL Butter
2 EL Mehl
1 Ei
60 ml Milch
30 g Brotkrumen
Öl

Zubereitung:

In einem Topf Wasser zum Kochen bringen und die Nudeln etwa 10 Minuten lang kochen. Anschließend in einem Nudelsieb trocknen lassen. 2 EL Butter in einem Topf schmelzen und das Mehl dazu geben. Mit einem Schneebesen vermengen und 1 Minute braten lassen. Dann die Milch hinein und unter ständigen rühren aufkochen lassen. Sobald die Milch fester geworden ist, kann 100 g des Käses zur Milch hinzugefügt werden. Zu einer homogenen Masse rühren und die Makkaroni unterheben. Anschließend ein verquirltes Ei und Brotkrümchen in die Masse unterrühren. Das Waffeleisen auf mittlerer Stufe erhitzen und mit etwas Öl bepinseln. Mit 2-3 EL, oder ungefähr 2/3 des Waffeleisens, der Masse befüllen und mit ein wenig Käse bedecken. 5 Minuten goldbraun ausbacken. Die Waffeln sind fertig, wenn sie außen schön knusprig sind. Das Ganze wird am besten warm genossen. Guten Appetit!

28. Kräuter-Waffeln

Zubereitungszeit	Backzeit	Portionen für
20 Minuten	30 Minuten	8 Waffeln

Zutaten:
250 g Mehl
1 EL Backpulver
¾ TL Salz
300 ml Buttermilch
250 g Ricotta
60 ml Olivenöl
5 g frisch gehackte Kräuter

Zubereitung:
Mehl, Backpulver und Salz in einer Schüssel gut verrühren. Während das Waffeleisen aufheizt, die Buttermilch in einer separaten Schüssel gemeinsam mit Ricotta, Olivenöl, Eier und frischen Kräutern vermengen. Die Mehlmischung hinzufügen und so lange rühren bis eine dickflüssige Masse entsteht. Anschließend für 10 Minuten ruhen lassen. Das Waffeleisen mit ein wenig Fett bestreichen und die Teigmasse im Eisen verteilen. Die Waffeln sollten goldbraun, außen knusprig und innen gut durchgekocht sein. Jeweils zwei Waffeln auf einen Teller legen und mit etwas gehackten Petersilie garnieren. Sofort genießen.

29. Meeresfrüchte-Waffeln

Zubereitungszeit	Backzeit	Portionen für
60 Minuten	20 Minuten	12 Waffeln

Zutaten:

Für die Waffeln:
250 g Mehl
150 g weiche Butter
4 Eier
250 ml Milch
1 TL fein geschnittene Gartenkräu
Salz
Pfeffer
Muskat
Öl

Für die Füllung:
200 g Nordseekrabben
1 EL Crème fraîche
2 EL Mayonnaise
1 Zwiebel
½ Bund Rucola
½ Bund gehackter Dill
2 unbehandelte Zitronen
Zitronensaft
Salz
Cayennepfeffer

Zubereitung:

Die Waffeln:
In einer Schüssel Eier und Salz schaumig schlagen. Das Mehl in die Mischung sieben und langsam einrühren. Die Milch unterrühren und dabei fein gehackte Gartenkräuter dazugeben. Die Masse anschließend für etwa 30 Minuten beiseite stellen. Nachdem der Teig aufgequollen ist, diesen mit Salz, Pfeffer und Muskatnuss abschmecken. Das Waffeleisen auf mittlere Hitze vorheizen und ein wenig mit Öl bestreichen. Die Waffeln goldbraun ausbacken und auf einen Kuchengitter auskühlen lassen.

Der Shrimp-Dip:
Crème fraîche und Mayonnaise gut vermengen. Die Zwiebel schälen, halbieren und in kleine Streifen hacken. Die Stücke anschließend gemeinsam mit den Nordseekrabben in die Crème fraîche Mischung unterrühren. Den Dill und ein wenig Zitronensaft hinzufügen und mit Salz und Cayennepfeffer würzen. Den Rucola zur Hand nehmen und gründlich putzen. Dabeu auf das ordentliche Waschen des Rucolas achten. Die Zitronen waschen und dünne in Scheiben schneiden. Jeweils zwei Waffeln auflegen, mit einem Rucola Blatt bedecken und die Shrimps dazugeben. Am Schluss mit einer Zitronenscheibe und der anderen Waffel bedecken. Als erfrischenden Snack servieren.

30. Mexikanische Käse-Waffeln

Zubereitungszeit	Backzeit	Portionen für
10 Minuten	5-8 Minuten	2 Waffeln

Zutaten:

4 Tortillas aus Mehl
1 Jalapeño
1 EL Olivenöl
1 Poblano-Schote
150 g würzigen (scharfen) Käse
2 TL Taco-Gewürzmischung
Sour Cream
Salsa
Koriander

Zubereitung:

Die Jalapeños und die Poblano-Schote in mittelgroße Stücke schneiden und in einer Pfanne mit etwas Olivenöl bei mittlerer Hitze für 1-2 Minuten anschwitzen. Mit Salz und Pfeffer würzen. Das Waffeleisen vorheizen.

Die Tortillas eventuell an das Waffeleisen anpassen, falls sie zu groß für die Form sind. Eine Tortilla in das Eisen legen. Etwas geriebenen Käse und Schoten dazugeben. Das Ganze mit etwas Taco-Gewürz bestreuen und mit Käse bedecken. Abschließend eine weitere Tortilla hinzufügen und die Klappe zudrücken. Die mexikanische Käsewaffel so lange backen, bis der Käse geschmolzen ist und zu köcheln beginnt. Die Tortilla sollte leicht braun gefärbt sein. Beim Servieren mit Sour Cream, Salsa oder/und Koriander garnieren und zu jeder Tageszeit genießen.

31. Panini-Waffeln

Zubereitungszeit	Backzeit	Portionen für
15 Minuten	5 Minuten	1 Waffel

Zutaten:
2 TL Gelber Senf
2 dicke Scheiben Brioche
2 EL geriebenen Mozzarella
3 dünne Scheiben Truthahn
2-4 Scheiben Salzgurke
2 EL geriebenen Schweizer Käse

Zubereitung:
Das Waffeleisen aufheizen und etwas Butter oder Öl zum Einfetten bereit halten. 1 EL Senf auf jede Seite des Brioche verstreichen und dann in der Reihenfolge Mozzarella, Truthahn, Salzgurke und Schweizer Käse belegen. Die zweite Scheibe Brot auf die erste mit den Zutaten legen. Das Waffeleisen einfetten und das Sandwich in das Waffeleisen geben und mit der Klappe fest zudrücken. 5-7 Minuten goldbraun ausbacken, so dass der Käse geschmolzen ist. Direkt servieren.

32. Oliven-Pinienkerne-Waffeln

Zubereitungszeit	Backzeit	Portionen für
20 Minuten	20 Minuten	8 Waffeln

Zutaten:

250 g Mehl
1 TL Backpulver
125 g Butter
3 Eier
125 ml Wasser
1 TL Gemüsebrühe
50 g Gouda (nach Geschmack darf es auch ein anderer Käse sein)
60 g Pinienkerne
50 g schwarze oder grüne Oliven

Zubereitung:

Das Wasser in einem Wasserkocher aufkochen, In eine Schüssel geben und darin die Gemüsebrühe auflösen lassen. Mehl und Backpulver zusammen mit der Prise Salz in einer Schüssel gut vermengen. Die Butter mit den Eiern und der mittlerweile abgekühlten Gemüsebrühe verrühren. Die beiden Massen zusammenmischen. Den Gouda je nach belieben in Würfel oder Streifen schneiden. Oliven und Pinienkerne waschen und fein hacken. Den Gouda, die Oliven und die Pinienkerne in die Masse unterrühren. Die Konsistenz sollte dickflüssig sein. Falls sie zu flüssig oder zu fest ist, je nach Konsistenz noch etwas Mehl oder Wasser hinzufügen. Das Waffeleisen vorheizen und dünn mit Fett bestreichen. Die Waffeln ausbacken, so dass sie goldbraun und heiß auf dem Teller serviert werden. Am besten sofort verzehren.

33. Omelette-Waffeln

Zubereitungszeit	Backzeit	Portionen für
20 Minuten	20 Minuten	6 Waffeln

Zutaten:
30 g Mehl
½ TL Backpulver
4 große Eier
140 g Kartoffel
120 g Gruyère Käse
50 g eingelegte Paprika
2 Zwiebeln
1 Prise Salz

Zubereitung:

Die Kartoffeln in einem Topf kochen und während der Wartezeit den Käse reiben, die eingelegte Paprika trocknen und in kleine Stücke zerhacken. Die Zwiebeln ebenfalls in kleine Würfel schneiden. Sobald die Kartoffeln aus dem Wasser sind etwas abkühlen lassen, schälen und in würfelige Stücke schneiden. Das Mehl, das Backpulver und das Salz in einer großen Schüssel vermengen und Kartoffeln, Gruyère Käse, Paprika und Zwiebeln unterheben. Das Waffeleisen vorheizen und ein wenig mit Öl oder Butter bepinseln. Etwa 2-3 EL des Teiges in das Eisen geben, so dass es zu etwa ¾ gefüllt ist und goldbraun ausbacken. Das Ganze dauert etwa 5-8 Minuten, je nachdem wie heiß und wie groß das Eisen ist. Die Waffeln im Ofen bei 100°C warm halten und den Rest des Teiges backen. Die Waffeln anschließend auf einen Teller servieren und etwas geriebenen Käse auf die deftigen Waffeln nieseln lassen.

34. Ricotta-Waffeln mit Kompott

Zubereitungszeit	Backzeit	Portionen für
40 Minuten	20 Minuten	4-6 Waffeln

Zutaten:

Für die Waffeln:
125 g Mehl
30 g gelbes Maismehl
1 ½ TL Backpulver
60 g Zucker
4 EL ungesalzene Butter
3 Eier
240 ml Milch
200 g Ricotta Käse
1 EL Zitronensaft

Für das Kompott:
100 g gefrorener Rhabarber
100 g gefrorene Erdbeeren
60 g Zucker
2 EL Zitronensaft
1 Prise Zimt

Zubereitung:

Die Waffeln:
Die trockenen Zutaten, Mehl, Maismehl, Backpulver und Salz, in einer Schüssel gut vermengen und beiseite stellen. Inzwischen das Eigelb vom Eiweiß trennen und die Butter zerlassen. Ricotta in eine große Rührschüssel geben und mit Milch, Zucker, Zitronensaft, und verquirltem Eigelb verrühren. Die Butter langsam mit einrühren. Die trockenen Zutaten langsam in die Schüssel hinein sieben und so lange rühren, bis die Zutaten gerade gut vermengt sind. Das Eiweiß zu Schnee schlagen und dann der Masse unterheben. Das Waffeleisen erhitzen und mit ein wenig Butter oder Öl einfetten. Die Waffeln für einige Minuten goldbraun ausbacken. Entweder im Ofen warm halten oder auf einem Kuchengitter auskühlen lassen.

Das Kompott:
Rhabarber und Erdbeeren, falls sie zu groß sind, eventuell in Stücke schneiden. Den Rhabarber in einem mittelgroßen Topf mit Erdbeeren, Zucker und Zitronensaft vermengen und mit Zimt ein wenig abschmecken. Aufkochen und anschließend unter gelegentlichen Rühren 20 Minuten köcheln lassen. Die Mas-se sollte zu einem dickflüssigen Sirup geworden sein. Um das Ganze abzukühlen, empfiehlt es sich, die Masse in eine kalte Schüssel zu geben und anschließend in den Kühlschrank zu stellen. Die Waffeln mit dem Kompott servieren und genießen.

35. Salzige Waffeln mit Schinken

<table>
<tr><td>Zubereitungszeit
20 Minuten</td><td>Backzeit
20 Minuten</td><td>Portionen für
4 Waffeln</td></tr>
</table>

Zutaten:

125 g Mehl

½ TL Backpulver

¼ TL Kümmel

30 g Butter

125 ml Milch

2 Eier

1 Prise Salz

1 Zwiebel, würfelig geschnitten

50 g Schinken, würfelig geschnitten

Zubereitung:

In einer großen Schüssel Mehl mit Backpulver und einer kleinen Prise Salz vermengen. Die Butter gemeinsam mit dem Ei mit dem Handmixer rühren und nach und nach gemeinsam mit der Milch in die Trockenmischung geben. Mit Kümmel würzen. Die Zwiebel waschen, schälen und in würfelige Stücke schneiden. Den Schinken je nach Geschmack entweder in Würfel oder in Streifen schneiden. Die Zwiebel und den Schinken unterheben und Waffeln ausbacken.

Tipp: Wer mag kann noch einen Quark-Dip oder einen Salat hinzufügen. Für den Quark-Dip einen Becher Quark mit Salz und Pfeffer vermischen. Knoblauch in die Mischung pressen und je nach Geschmack mit verschiedenen Kräutern würzen.

36. Spinat-Häppchen-Waffeln mit Frischkäse

Zubereitungszeit	Backzeit	Portionen für
30 Minuten	30 Minuten	10 Waffeln

Zutaten:

Für die Waffel:
250 g Mehl
150 g Butter + 1 EL weiche Butter
4 Eier
250 ml Milch
250 g Blattspinat
1 Zwiebel
Salz
Pfeffer
Muskatnuss
Öl

Für die Frischkäsefüllung:
250 g Frischkäse
4 EL Sahne
2 EL Zitronensaft
2 Knoblauchzehen
3 EL fein gehackte Petersilienblätter
Salz
Pfeffer
Thymian

Zubereitung:

Die Waffeln:

In einer Schüssel Butter, verquirlte Eier und eine Prise Salz schaumig schlagen. Das Mehl in die Mischung sieben und abwechselnd mit der Milch in die Buttermasse einrühren. Anschließend eine halbe Stunde beiseite stellen. Unter dem Waschbecken Spinat waschen und dann abtropfen lassen. Zwiebeln halbieren und in kleine Stückchen schneiden. In einer Pfanne etwas Butter zergehen lassen und Zwiebel glasig braten. Den Blattspinat den Zwiebeln hinzuführen und 3 Minuten lang kochen lassen. Anschließend mit Salz, Pfeffer und Muskat abschmecken und zum Auskühlen auf die Seite stellen. Das Ganze in ein Küchentuch falten und über dem Waschbecken gut ausdrücken, dass die restliche Flüssigkeit verschwindet. Den Spinat klein hacken und unter den Teig rühren. Ein Waffeleisen vorheizen und fein mit Öl benetzen. Die Waffeln anschließend goldbraun ausbacken und auf einem Küchenrost auskühlen lassen.

Die Frischkäsefüllung:

Die Sahne mit den Frischkäse gut verrühren. Klein geschnittenen Knoblauch unterheben und anschließend Zitronensaft dazugeben. Abschließend mit Salz und Pfeffer würzen. Die Creme jeweils großzügig zwischen zwei Waffeln schmieren und mit Thymian anrichten.

37. Süßkartoffelwaffeln mit Käseturm

Zubereitungszeit	Backzeit	Portionen für
30 Minuten	60 Minuten	5 Waffeln

Zutaten:

Für die Waffeln:
2 Süßkartoffeln
100 g Hafer
125 g geriebenen Cheddar
1 Jalapeño, gut zerhackt
1 ½ TL Backpulver
½ TL Meersalz
1 Ei
1 EL Öl
180 ml Milch

Für die Käsetürme:
125 g geriebenen Cheddar

Außerdem:
4 EL Crème fraîche
2 Handvoll Rucola

Zubereitung:

Die Süßkartoffeln bei 200°C im Ofen 40 Minuten rösten lassen, so dass sie weich und durch sind. Etwas auskühlen lassen und danach schälen. Den Hafer in einem Standmixer fein zerhacken und anschließend in eine großen Schüssel gemeinsam mit Käse, Jalapeño, Backpulver und Salz verrühren. Die Süßkartoffeln mit einem Kartoffelstampfer oder einem Standmixer zu Püree werden lassen und mit Ei, Milch und Öl gut vermengen. Die Mischung in die Schüssel mit den trockenen Zutaten geben und gut verrühren. Das Waffeleisen vorheizen und dünn mit Öl bepinseln. Das Eisen zu etwa ¾ mit Teig füllen und goldbraun ausbacken. Diesen Vorgang wiederholen, bis kein Teig mehr übrig bleibt. Während die Waffeln ausgebacken werden, den Ofen auf 200°C vorheizen und das Backblech mit Backpapier auslegen. Den geriebenen Käse in kleine Kreise dünn ausbreiten und etwa 5-7 Minuten backen, bis die Kreise fest und ganz leicht braun sind. Das Backblech aus dem Ofen rausgeben und auskühlen lassen. Sobald sie ausgekühlt sind sollten sie knusprig sein. Anschließend in Türme brechen. Die Waffeln auf einen Teller anrichten und mit Crème fraîche und Rucola garnieren. Abschließend den Käseturm in das Crème fraîche stecken.

Tipp: Am besten einen Tag davor etwas mit Süßkartoffel zu Mittag essen, dass man die Reste am nächsten Tag für die Waffeln als Frühstück verwenden kann.

38. Waffeln aus Humus mit Würstchen und selbstgemachten getrockneten Tomaten

Zubereitungszeit	Backzeit	Portionen für
15 Minuten	15 Minuten	6 Waffeln

Zutaten:

Für die Waffeln:
120 g Mehl
120 g weißes Vollkornmehl
1 ½ TL Backpulver
¼ TL Natron
2 Eier
230 ml Milch
100 g Humus
1 EL Olivenöl
1 Frankfurter
50 g getrocknete Tomaten
2 EL Basilikum
1 Prise Salz

Für die getrockneten Tomaten:
3,6 kg Tomaten
2 TL Salz
1 TL getrockneter Basilikum
1 TL getrockneter Oregano
1 TL getrockneter Thymian

Zubereitung:

Die getrockneten Tomaten:

Die Tomaten gut waschen, danach Stamm und harter Boden des Stammes ausschneiden. Anschließend die Tomaten längsseitig halbieren. Falls die Tomaten zu groß sind, eventuell vierteln. Die Samen so gut wie möglich entfernen, so dass kein Fruchtfleisch mit heraus kommt. In einer kleinen Schüssel Basilikum gemeinsam mit Salz, Oregano und Thymian gut vermengen. Die Gewürzmischung auf die Tomatenstücke sorgfältig und gleichmäßig verteilen. Die Tomaten auf ein Backpapier so legen, dass die angeschnittene Seite nach oben zeigt. ACHTUNG: Keine Aluminium-Folie verwenden, da die Säure der Tomate ansonsten mit dem Metall reagieren würde. Das Backblech in den Ofen schieben und auf 75°C für etwa 3 Stunden im Rohr lassen. Den Ofen dabei etwas offen lassen, damit die Feuchtigkeit entweichen kann.

38. Waffeln aus Humus mit Würstchen und selbstgemachten getrockneten Tomaten

Zubereitungszeit	Backzeit	Portionen für
15 Minuten	15 Minuten	6 Waffeln

Nach 3 Stunden die Tomaten aus dem Ofen nehmen, wenden und mit der Hand oder einem Pfannenwender platt drücken. Dann weitere 3-4 Stunden in den etwas aufgemachten Ofen geben. Jede Stunde einmal wenden und platter drücken, bis die Tomaten komplett getrocknet sind.

Die Waffeln:

Eine große Schüssel zur Hand nehmen und darin die Mehlsorten, sowie das Backpulver, das Natron und die Prise Salz vermengen. Die Eier verrühren, dass Eiklar und Eigelb eine Masse bilden und gemeinsam mit der Milch in die Trockenmischung unterheben. Den Humus und das Olivenöl hinzufügen und vermengen, bis es gerade gut verrührt ist und eine dichte Masse entstanden ist. Die Wurst kochen und die Haut abschälen, in kleine Stücke schneiden und gemeinsam mit den getrockneten Tomaten und dem Basilikum unterheben. Das Waffeleisen vorheizen und mit einer Fettschicht, Öl oder Butter, dünn bepinseln. Die Waffeln goldbraun ausbacken und sofort genießen.

Tipp: Die getrockneten Tomaten einen Tag vorher zubereiten und die Waffeln am nächsten als Frühstück servieren. Nicht jede Tomate weist die selbe Feuchtigkeit, Größe oder Laufzirkulation im Ofen auf. Deswegen kann es sein, dass manche Tomaten schon fertig getrocknet sind, während andere noch eine Stunde brauchen.

Zubereitungszeit	Backzeit	Portionen für
40 Minuten	40 Minuten	4 Waffeln

Zutaten:

Für die Waffeln:
125 g Kichererbsenmehl
30 g Hefe
1 TL Backpulver
½ TL Natron
1 TL Kokoszucker
1 TL Chana-Masala-Gewürzmischung
1 TL geröstete Kreuzkümmelsamen
½ TL geriebenen Kümmel
½ TL Paprikapulver
½ TL Koriander
½ TL Kurkuma
½ TL schwarzer Pfeffer
1 fein zerhackte Knoblauchzehe
1,5 cm geschälter und gewürfelter Ingwer
1 EL Tomatenmark
60 ml Rapsöl
2 EL Leinsamen
6 EL warmes Wasser
180 ml Milch
Pfeffer

Für die Samosa Kartoffeln:
2 EL Olivenöl
½ kg würfelig gehackte Kartoffeln
½ fein gehackte rote Zwiebel
½ fein gehackte rote Paprikaschote
80 g grüne Erbsen
1-2 fein gehackte Knoblauchzehen
1 klein gehackte Karotte
120 ml Gemüsebrühe
1 TL Senfsamen
2 TL Curry
1 TL Kümmel
1 TL gemahlener Ingwer
½ TL Paprikapulver
½ TL Kardamom
¼ TL Cayenne Pfeffer
Salz
Pfeffer

Für das Chutney:
150 g frische Korianderblätter
30 g frische Minzblätter
½ kleine Zwiebel, grob gehackt
6-8 Knoblauchzehen
6 cm geschälter und gehackter Ingwer
3 grüne Chilischoten

2 EL frischer Zitronensaft
2-3 EL Wasser
½ Kümmelkörner
2-3 EL frisch geriebene Kokosnuss
Salz

39. Würzige Waffeln mit rientalischen Gemüse und Koriander-Chutney

Zubereitungszeit	Backzeit	Portionen für
40 Minuten	40 Minuten	4 Waffeln

Zubereitung:

Die Samosa Kartoffeln:

Curry, Kümmel, Ingwer, Paprika, Kurkuma, Cayenne Pfeffer in die Gemüsebrühe geben und gut miteinander verrühren. Beiseite stellen.

In einem großen Topf Senfkörner in Olivenöl anbraten, bis sie zu poppen beginnen. Die Zwiebel und den Knoblauch hinzufügen und glasig anschwitzen.

Karotten, Kartoffeln, Paprikaschote und Gemüsebrühe den Topf hinzuführen und so lange braten, bis Karotten und Kartoffeln gleichermaßen weich sind. Falls die Flüssigkeit zu schnell verdampft, ein wenig Gemüsebrühe hinzufügen und die Hitze eventuell zurückdrehen. Sobald das Gemüse durch ist, den Topf von der Hitze entfernen und die ganze Masse ein wenig mit dem Kartoffelstampfer bearbeiten. Dabei achten, dass trotzdem Stücke vorhanden bleiben und die Masse nicht zu Püree wird. Die Erbsen hinzufügen und mit Salz und Pfeffer abschmecken. Fertig!

Das Koriander-Chutney:

Die Stiele der Kräuter entfernen und alle Zutaten in den Standmixer geben und mixen, bis die Masse eine Pesto-artige Konsistenz erreicht hat. Falls die Konsistenz zu flüssig ist, kann noch ein wenig Wasser hinzugegeben werden.

Die Waffeln:

Die Leinsamen in 6 EL warmen Wasser für 10 Minuten einweichen. Anschließend abtrocknen und etwas waschen. In einem Standmixer Knoblauchzehen, Ingwer, Tomatenmark und Milch für etwa 10 Minuten bearbeiten, bis die Masse ungefähr gleichmäßig püriert ist. In einer großen Rührschüssel Kichererbsenmehl, Hefe, Backpulver, Natron, Kokoszucker und Gewürze vermengen und beiseite stellen. In einer separaten Schüssel alle feuchten Zutaten zusammenrühren und dann den Zwiebel-Mix mit den aufgequollenen Leinsamen unterrühren. Die trockenen Zutaten zu den Feuchten geben und gut vermengen. Ein Waffeleisen vorheizen und mit etwas Rapsöl bepinseln. Die Waffeln jeweils 6-8 Minuten, je nach Gerät vielleicht etwas länger, goldbraun ausbacken. Die Waffeln anschließend mit den Samosa Kartoffeln servieren.

40. Zucchini Käse-Waffeln

Zubereitungszeit	Backzeit	Portionen für
15 Minuten	15 Minuten	6 Waffeln

Zutaten:

200 g Mehl
2 TL Backpulver
1 EL Zucker
1 Ei, groß
350 ml Milch
120 ml Griechischer Joghurt
2 Zucchini, klein
200 g Cheddar Käse
1 Prise Salz

Zubereitung:

Die Zucchini waschen und schlechte Stellen ausschneiden. Dann gemeinsam mit dem Cheddar-Käse reiben. Das Mehl mit Zucker, Backpulver und einer Prise Salz in einer Schüssel vermengen. In der Schüssel mit den trockenen Zutaten eine große Mulde in der Mitte formen und dann Eier, Milch und griechischen Joghurt hinzufügen. In der Mitte der Schüssel vermengen, bis sie eine Masse bilden und dann mit den trockenen Zutaten verbunden werden können. Es werden Klumpen entstehen, was jedoch normal ist. Am besten nicht zu viel umrühren. 100 g des geriebenen Käses gemeinsam mit dem geriebenen Zucchini unterheben, bis es gerade gut vermengt ist. Das Waffeleisen vorheizen und mit Öl oder etwas Butter bepinseln und 2-3 EL Teig verteilen. Anschließend noch ein wenig Cheddar über die Masse streuen und dann die Waffel goldbraun ausbacken. Die Waffel auf einen Teller legen und mit etwas Cheddar und Kräutern garnieren.

Waffeln mit Nüssen

41. Fruchtige Nusswaffeln

Zubereitungszeit	Backzeit	Portionen für
30 Minuten	30 Minuten	8 Waffeln

Zutaten:

50 g Mehl

150 g Buchweizenmehl

1 TL Backpulver, leicht gehäuft

2 Päckchen Vanillezucker

1 TL Puderzucker

75 g Zucker

125 g Butter

3 Eier

300 ml Milch

4 EL Pistazien

50 g gemahlene Haselnüsse

250 g Himbeeren

Öl

1 Prise Salz

Zubereitung:

Butter in eine Schüssel geben und mit Zucker, 1 Päckchen Vanillezucker und einer Prise Salz mit dem elektrischen Handmixer zu einer cremigen Masse rühren. Nach und nach die Eier einrühren. Für die trockenen Zutaten Mehl, Buchweizenmehl, Haselnüsse und Backpulver in eine zweite Schüssel geben und gut vermischen. Nach und nach Milch und Mehl in die Schüssel mit den restlichen Zutaten unterrühren und anschließend den Teig etwa 20 Minuten zu stehen lassen. Pistazien klein zerhacken und nach der Ruhezeit unter den Teig heben. Das Waffeleisen vorheizen und etwas mit Öl bepinseln. Himbeeren waschen, verlesen und mit dem Puderzucker pürieren. In das Waffeleisen 2-3 EL in der Mitte platzieren und schön verteilen. Sobald sie goldbraun ausgebacken sind, können sie zum Auskühlen auf ein Gitter gelegt werden. Das Himbeerpüree auf einen Teller geben und einen Kreis bilden. Die Waffel auf das Püree legen und mit etwas Puderzucker und Himbeeren garnieren.

Tipp: Wer mag kann ein wenig Muskatnuss dem Teig hinzufügen. Dadurch werden die Waffeln eher pikant und können statt dem Apfelkompott zu einem Joghurt-Knoblauch-Dip gegessen werden.

42. Herrliche Quarkwaffeln mit Haaselnüssen

Zubereitungszeit	Backzeit	Portionen für
15 Minuten	30 Minuten	10-12 Waffeln

Zutaten:
450 g Mehl
1 Päckchen Backpulver
3 Päckchen Vanillezucker
150 g Zucker
250 g Butter
250 g Quark
200 ml
6 Eier
200 g gemahlene Haselnüsse
Butter zum Einfetten

Zubereitung:
Die Butter in einem Topf schmelzen. Die Butter gemeinsam mit Zucker und Vanillezucker mit einem elektrischen Handrührgerät zusammenmischen. Das Mehl und das Backpulver in die Mischung sieben und die Milch einrühren. Den Quark und die Haselnüsse unterheben. Das Ei aufschlagen und Eiweiß von Eigelb trennen. Das Eiweiß zu Schnee steif schlagen. Das Eigelb in den Teig rühren und den Eischnee in die Masse unterheben. Das Waffeleisen mit etwas Butter einfetten und vorheizen. Die Waffeln nacheinander ausbacken, so dass sie goldbraun sind. Wer es knuspriger mag kann das Waffeleisen auf eine höhere Stufe stellen oder/und, wenn nötig, länger im Eisen lassen. Jeweils zwei Waffeln auf einen Teller legen und mit einer fruchtigen Sauce oder auch Früchten garnieren.

43. Herzhafte Mandelwaffeln

Zubereitungszeit	Backzeit	Portionen für
15 Minuten	20 Minuten	6-8 Waffeln

Zutaten:

175 g Mehl, Typ 405
1 Päckchen Backpulver
175 g Speisestärke
250 g Zucker
1 Päckchen Vanillezucker
250 g Butter
6 Eier
1 EL Rum

1 kleine Flasche Rumaroma
1 kleine Flasche Bittermandelaroma
1 kleine Flasche Butter-Vanille-Aroma
1 kleine Flasche Zitronenschalenaroma
100 g geriebene Mandeln
250 ml Milch
etwas Butter zum Einfetten

Zubereitung:

Um die Zutaten gut verarbeiten zu können, ist es nötig, dass sie Zimmer-temperatur haben. In einer Schüssel Butter schaumig schlagen. Langsam Eier und Zucker unterrühren. Den Vanillezucker, den Rum und die anderen Aromen anschließend einrühren. Die geriebenen Mandeln unterheben. Das Mehl mit Speisestärke und Backpulver gut vermengen.

Die Trockenmischung nach und nach mit der Milch untermengen. Es sollte eine luftige Masse entstehen, die dickflüssig vom Löffel fällt. Das Waffeleisen vorhei-zen und mit etwas Butter einfetten. 2 EL in die Form geben und verteilen. Jedes der Waffeln etwa 3 Minuten goldbraun ausbacken. Die fertigen Waffeln noch warm auf den Teller servieren und eventuell mit etwas Puderzucker bestäuben.

44. Herzhafte Nusswaffeln mit Äpfel

Zubereitungszeit	Backzeit	Portionen für
15 Minuten	20 Minuten	10-12 Waffeln

Zutaten:

375 g Mehl
2 Päckchen Vanillezucker
150 g Zucker
250 g Butter
250 ml Milch
4 Eier
200 g gemahlene Walnüsse
2 Äpfel, mittelgroß
1 Spritzer Zitronensaft
1 Schuss Rum
Etwas Puderzucker

Zubereitung:

Die Äpfel waschen, schälen und in kleine Stücke schneiden. Am besten in eine Schüssel reiben. Anschließend mit etwas Zitronensaft benetzen.

In einer zweiten Schüssel Butter, Vanillezucker und Zucker schaumig rühren. Die Eier hinzufügen und gut durchmischen. Das Mehl während des Rührens in die Buttermasse sieben und dann nach und nach die Milch unterrühren. Die Schüssel mit den Äpfel hernehmen und abwechselnd mit den Nüssen untermengen. Für den richtigen Kick, einen Schuss Rum in den Teig geben und gut verrühren. Achtung bei der Konsistenz der Masse: Ist der Teig zu fest kann noch Milch dazugegeben werden. Die Schüssel beiseite stellen und 20 Minuten ruhen lassen. Das Waffeleisen vorheizen und mit etwas Butter einfetten. Die Waffeln goldbraun ausbacken. Das Backen sollte etwa 3-5 Minuten dauern.

Nach dem Servieren etwas Puderzucker auf die Waffeln nieseln lassen und zu jeder Tages- und Nachtzeit genießen.

45. Klassische Nusswaffeln

Zubereitungszeit	Backzeit	Portionen für
300 Minuten	20 Minuten	10 Waffeln

Zutaten:

350 g Mehl
½ Päckchen Backpulver
200 g Zucker
1 Päckchen Vanillezucker
4 EL Milch
4 EL Wasser
½ Flasche Bittermandelaroma

2 Schuss Rum
250 ml Öl
5 Eier
150 g gemahlene Nüsse
1 Prise Salz
Puderzucker

Zubereitung:

Öl, Zucker, Vanillezucker, Salz und Eier in eine Schüssel geben und mit dem elektrischen Handrührgerät schaumig rühren. Das Bittermandelaroma und den Rum zur Hand nehmen und in die Mischung untermengen.

Das Mehl in einer separaten Schüssel mit dem Backpulver gut vermengen. Anschließend in die andere Schüssel langsam unterrühren.

Das Wasser und die Milch in die Masse einrühren und die gemahlenen Nüsse abschließend unterheben. Den Teig 3-4 Stunden beiseite stellen, so dass der Teig ruhen kann. Das Waffeleisen vorheizen, dünn einfetten und 2-3 EL in das Waffeleisen geben. Goldbraun ausbacken. Jeweils zwei Waffeln auf einen Teller legen und mit Puderzucker weiß bestäuben.

Tipp: Wenn man die Waffeln einen Tag vorher macht, entfaltet sich das Aroma des Bittermandelöls noch besser.

46. Süße Mandelwaffeln mit Kumquats-Creme

Zubereitungszeit	Backzeit	Portionen für
30 Minuten	30 Minuten	8 Waffeln

Zutaten:

250 g Mehl

1 TL Backpulver

160 g Zucker

150 g weiche Butter

40 g gemahlenen Mandeln

3 Eier

200 ml Orangensaft

4 EL Orangenlikör

2 EL Zitronensaft

500 g Magerquark

200 g Schlagsahne

100 g Kumquats

1 Prise Salz

Puderzucker

Butter oder Öl zum Einfetten

Zubereitung:

Ein Schneidebrett zur Hand nehmen und gewaschene Kumquats in Scheiben schneiden. In einem Topf 2 EL Zucker bei mittlerer Hitze zum Schmelzen bringen. Orangenlikör und Zitronensaft hinzufügen und aufkochen lassen. Die Masse sollte am Schluss keine Zuckerbrocken mehr enthalten. Die Kumquats in die Mischung geben und wenden, dass jede Seite der Scheiben mit der Mischung benetzt ist. Quark mit 80 g Zucker gut verrühren. Die Sahne mit dem Schneebesen des Handrührgeräts steif schlagen. Die Sahne mit den Kumquats in den Quark unterheben. In einer Pfanne Mandeln rösten und abkühlen lassen. Das Eigelb vom Eiweiß trennen und das Eiweiß zu einen Eischnee schlagen. Die Butter, der Rest des Zuckers und eine Prise Salz mit dem Handrührgerät zu einer cremigen Masse rühren. Das Eigelb nach und nach in die Mischung einrühren. Mehl, Backpulver und Mandeln in einer separaten Schüssel gut vermengen. Die trockenen Zutaten mit dem Orangensaft in die Buttermasse unterrühren. Wenn die Mischung gut verrührt ist, den Eischnee unterheben. Das Waffeleisen vorheizen und mit etwas Butter oder Öl fein bepinseln. Die Waffeln goldbraun ausbacken. Jeweils zwei Herzen nehmen. Das eine auf einen Teller legen und mit viel Creme bestreichen. Das zweite Herz oben drauf legen.

Mehr als nur Waffeln

47. Amerikanische Waffeln mit Marshmallows

Zubereitungszeit	Backzeit	Portionen für
20 Minuten	20 Minuten	9 Waffeln

Zutaten:

60 g Mehl
60 g Vollkornmehl
1 TL Backpulver
½ TL Natron
½ TL Salz
240 ml Milch
1 großes Ei
375 g Zucker

1 TL Vanilleextrakt
100 g Cracker
30 g Maisstärke
80 ml Öl
170 g Schokolade
50 g Mini-Marshmallows
weiche Butter

Zubereitung:

80 g der Schokolade in Stücke brechen und über einem Wasserbad langsam mit 1 TL Öl schmelzen lassen. Immer wieder umrühren. Falls die Mixtur zu dick ist, ein wenig Öl hinzufügen. Dann beiseite legen. Mehl, Vollkornmehl, Backpulver, Natron, Zucker und Salz in einer großen Schüssel gut vermengen. Das Ei in einer zweiten Schüssel mit der Milch und dem Vanilleextrakt verrühren. Das übrige Öl gemeinsam mit den anderen Zutaten in die Schüssel mit den Mehl einrühren. Die restliche Schokolade in kleine Stücke hacken und abschließend dem Teig unterheben. Das Waffeleisen aufheizen und mit der weichen Butter einfetten. In das Waffeleisen je nach dem etwa 3 EL geben, damit es etwa ¾ gefüllt ist. Goldbraun ausbacken. Dann das Waffeleisen aufmachen und ein paar Marshmallows auf die Waffel legen. Eine zweite Waffel oben drüber legen und für 30 Sekunden den Deckel schließen. Die Waffeln auf einen Teller mit Marshmallows und der geschmolzenen Schokolade anrichten. Dieses Gericht wird am besten sofort genossen, da die Marshmallows durch die Hitze nach dem Backen schön weich sind.

Tipp: Falls das Waffeleisen zu klein ist, kann man die Waffel einfach einmal falten und dann den Deckel zuklappen, so dass die Marshmallows etwas schmelzen.

48. Buchweizen-Waffel-Appetizer

Zubereitungszeit	Backzeit	Portionen für
30 Minuten	20 Minuten	30 Appetizer

Zutaten:

Für die Waffeln:

200 g Buchweizenmehl

50 g Speisestärke

2 TL Backpulver

60 g Zucker

120 g weiche Butter

250 ml Milch

3 Eier

1 Prise Salz

Außerdem:

600 ml Crème fraîche

80 g schwarzen Kaviar

Schnittlauch

Zubereitung:

Die Stärke, das Backpulver und das Buchweizenmehl in einer Schüssel vermischen. Die weiche Butter in einer zweite Schüssel mit Eier, Zucker und einer Prise Salz zu einer schaumigen Masse rühren. Die Milch in die Buttermasse einrühren und das Mehl unterheben. Das Ganze 15 Minuten beiseite stellen, damit der Teig ruhen kann. Das Waffeleisen aufheizen und mit etwas Butter oder Öl bepinseln. Das Waffeleisen bis zu ¾ mit Teig auffüllen und verteilen. Dann goldbraun ausbacken. Die Waffeln in kleinere Stücke schneiden und mit Crème fraîche, Kaviar und Schnittlauch garnieren. Fertig ist der Appetizer.

Tipp: Wer mag und den Appetizer etwas deftiger gestalten möchte, kann das Crème fraîche auch auf einen kleinen Stück geräucherten Lachs betten. Wer Kaviar nicht mag kann ihn gemeinsam mit dem Crème fraîche durch Cottage Cheese und Honig ersetzen.

49. Bunter Waffelturm mit Schlagsahne und Bananen

Zubereitungszeit	Backzeit	Portionen für
10 Minuten	10 Minuten	6-8 Waffeln

Zutaten:

Für die Waffeln:
250 g Mehl
½ TL Backpulver
180 g Zucker
2 Eier
360 ml Milch
240 ml geschmolzene Butter
½ TL Vanilleextrakt
2 Bananen

Außerdem:
2 Bananen
240 ml Schlagsahne
10 Maraschino Kirschen
Streusel

Zubereitung:

Mehl, Backpulver und Zucker in einer großen Schüssel zusammenrühren.
Das Eigelb vom Eiweiß trennen. Das Eigelb in einer anderen Schüssel ein wenig verquirlen und Butter, Vanillezucker, zerdrückte Bananen und Milch hinzufügen und gut verrühren. Die feuchten Zutaten in die Schüssel mit den Mehl unterrühren, bis sie gut vermischt sind. Die Schüssel beiseite stellen.
Das Eiweiß mit einem elektrischen Handrührgerät steif schlagen. Den Eischnee in den Teig unterheben. Das Waffeleisen vorheizen und ganz wenig einfetten. Den Teig in das Waffeleisen geben. Verstreichen und goldbraun backen. Jeweils 3 Waffeln auf einen Teller stapeln. Die Schlagsahne schlagen und damit die oberste Waffel bedecken. 2 Bananen in die Schlagsahne schneiden oder stecken und mit den Kirschen und den Streuseln verzieren.

50. Deftige Cornbread-Waffeln mit Schweinefleisch und Apfel-Chutney

Zubereitungszeit	Backzeit	Portionen für
40 Minuten	15 Minuten	4 Waffeln

Zutaten:

Für die Waffeln:
80 g gelbes Maismehl
80 g griffiges Vollkornmehl
30 g Maisstärke
1 EL weißer Zucker
½ TL Salz
¼ TL Natron
1 TL Backpulver
1,5 EL Butter
180 ml Mandelmilch
+ 2 EL ungesüßte Mandelmilch
1 Ei
1 TL Apfelessig

Für das Chutney:
3 kleine Zwiebeln
1 EL Butter
1 großer Apfel
100 g Ahornsirup
½ TL Zimt

Außerdem:
übrig gebliebenes Schweinefleisch

Zubereitung:

Die Waffeln:

Das Maismehl gemeinsam mit Vollkornmehl, Maisstärke, Zucker, Salz, Natron und Backpulver in einer großen Schüssel gut vermengen. Die Butter in einer Pfanne erhitzen. In einer zweiten, kleineren Schüssel, zerlassene Butter geben und die Mandelmilch, die verquirlten Eier und den Apfelessig einrühren.

Die Buttermasse in die Schüssel mit den trockenen Zutaten einrühren, bis sie feucht sind. Achtung: nicht zu lange rühren! Diese Mischung dann 20-30 Minuten lang ruhen lassen damit die Waffeln später luftig und knusprig werden.

50. Deftige Cornbread-Waffeln mit Schweinefleisch und Apfel-Chutney

Zubereitungszeit	Backzeit	Portionen für
40 Minuten	15 Minuten	4 Waffeln

Das Chutney:

Während der Teig rastet, 1 EL Butter in eine große Pfanne bei mittlerer Hitze zergehen lassen. Die Zwiebel in dünne Scheiben schneiden und sie anschließend in die Pfanne geben. Umrühren, so dass die Zwiebel gleichmäßig mit Butter benetzt ist. Für 25-30 Minuten karamellisieren lassen und alle 5 Minuten ein wenig umrühren. Das Waffeleisen vorheizen, ein wenig mit Butter einfetten und etwa 2-3 EL Teig in die Form geben. Goldbraun knusprig ausbacken und im Ofen bei 100°C warm halten. Die Äpfel in Würfel schneiden und in eine große Schüssel geben. Die karamellisierten Zwiebel mit Ahornsirup und Zimt übergießen und etwas vermengen. Die Waffeln auf einen Teller legen, mit dem Apfel-Chutney übergießen und mit etwas Schweinefleisch garnieren.

Tipp: Es ist ratsam das Waffeleisen auf eine hohe Stufe zu stellen, so dass die Waffeln knusprig und braun werden. Am Vortag einen Schweinebraten machen und dann die Überreste für die Waffeln aufheben.

51. Donut-Waffeln

Zubereitungszeit	Backzeit	Portionen für
35 Minuten	15 Minuten	6-8 Waffeln

Zutaten:

Für den Teig:
190 g Mehl
½ TL Backpulver
80 g Zucker
1 TL Vanilleextrakt
½ TL Zimt
½ TL Salz
240 ml Vollmilch
4 EL geschmolzene Butter
2 große Eier

Zimt-Zucker-Mischung:
80 g Zucker
1 EL Zimt

Schokoladenglasur:
120 g Schokolade, 40 %
Kakaoanteil
80 ml Sahne
2 EL Maisirup
2 TL Vanilleextrakt

Zubereitung:

Die Waffeln:

Mehl, Backpulver, Zimt und Salz in einer großen Schüssel gut vermengen.
In einer kleineren Schüssel Butter, Eier, Zucker, Vanilleextrakt und Milch mit einem Handrührgerät gut durchrühren. Nach und nach die Buttermasse in die Schüssel mit den trockenen Zutaten einrühren. Kleine Klumpen dürfen entstehen. Das Waffeleisen vorheizen und mit etwas Butter einfetten. 3 EL des Waffelteigs in die Mitte des Waffeleisens geben und etwas verstreichen. Die Waffel für etwa 2-3 Minuten backen lassen, bis sie durchgebacken und goldbraun ist.

Die Zimt-Zucker-Mischung:

In einem verschließbaren Gefäß Zucker und Zimt geben und gut durchschütteln.

Die Schokoladenglasur:

Die Schokolade in kleine Stücke brechen und über ein Wasserbad schmelzen. Die Sahne in einem kleinen Topf aufkochen lassen und in die Schokoladenmischung einrühren. So lange mit dem Schneebesen rühren, bis die Masse glatt ist. Anschließend Vanilleextrakt und Maisirup hinzufügen und wieder gut vermengen. Die Schokoladenglasur muss sofort über die Waffeln gegossen werden. Die Waffeln entweder in Schokoladenglasur tauchen oder mit der Zimtmischung bestreuen. Anschließend noch etwas mit Kokosraspeln oder auch Nüssen garnieren und auskühlen lassen.

52. Fruchtiges Waffelsandwich mit knuspriger Füllung

Zubereitungszeit	Backzeit	Portionen für
150 Minuten	20 Minuten	14 Waffeln

Zutaten:

14 fertige Buttermilch-Waffeln
70 g zerbröselte Butterkekse

Für die Eiweiß-Masse:
4 große Eier
250 g Kristallzucker
1/3 TL Weinstein
1 EL Vanilleextrakt

Für die Zitronencreme:
240 ml Milch
80 ml Sahne
1 ½ EL geriebene Zitronenschale
150 g Kristallzucker
2 EL Maisstärke
1 ½ EL Mehl
60 ml Zitronensaft
1 TL Zitronenextrakt
5 Eigelb
1 Prise Salze

Zubereitung:

Die Zitronencreme:

Milch, Sahne und geriebene Zitronenschale in einer hohen Pfanne zum Kochen bringen. Dann zur Seite zum Abkühlen stellen. Das Eigelb in einer zweiten Schüssel verquirlen und gemeinsam mit dem Zucker schaumig rühren. Dazu ein elektrisches Handrührgerät benutzen. Mehl, Maisstärke und Salz zum Eigelb hinzufügen und für etwa 1 Minute gründlich verrühren. Die Hälfte der lauwarmen Milch in die Schüssel einrühren und das Ganze anschließend zurück in die Pfanne geben. Zitronensaft dazu rühren und dann etwas köcheln lassen. Dabei ständig umrühren, dass nach etwa 8 Minuten eine dickflüssige Masse entsteht. Von der heißen Platte entfernen und abschließend das Zitronenextrakt dazumischen. Durch ein Sieb in eine Schüssel sieben und eine Klarsichtfolie auf die Oberfläche der Creme platzieren, um Hautbildung zu verhindern.

Die Eiweiß-Masse:

Eiweiß gemeinsam mit dem Zucker und Weinstein in einem Topf über ein Wasserdampf zusammen rühren, bis die Eier fester geworden sind. Die Masse anschließend von der Hitze nehmen und mit einem elektrischen Handrührgerät steif schlagen. Das Ganze kann etwa 6-8 Minuten dauern. Abschließend das Vanilleextrakt hinzufügen und ein letztes mal umrühren. Sofort verwenden. Jeweils 2 Warme Waffeln auflegen. Auf eine Seite mit der Eiweiß-Masse beschmieren und auf die andere etwa 3 EL Zitronencreme geben. Die Seite mit der Eiweiß-Masse mit einem Gasbrenner braun werden lassen oder kurz in einer Pfanne erhitzen. Die Zitronencreme mit den zerbröselten Butterkeksen bedecken und die Seiten zusammenführen. Fertig ist das fruchtige Waffelsandwich!

53. Fruchtige Waffeltorte mit Himbeeren

Zubereitungszeit	Backzeit	Portionen für
120 Minuten	20 Minuten	5 Waffeln

Zutaten:

Für die Waffeln:
250 g Mehl
½ Päckchen Backpulver
50 g Zucker
1 Päckchen Vanillezucker
125 g Butter
2 Eier
1 Eigelb
200 g Sahne
150 ml Milch
1 Prise Salz

Für die Creme:
1 Päckchen Götterspeisepulver
Geschmack Himbeere (für ½ L Wasser)
125 g Schmand
100 g Zucker
100 g Doppelrahm-Frischkäse
125 g Sahne
300 g Himbeeren
Butter oder Öl zum Einfetten

Zubereitung:

Die Waffeln:

In einer Schüssel Butter gemeinsam mit Zucker, Vanillezucker und der Prise Salz verrühren. Sobald die Masse cremig geworden ist, können die Eier und das Eigelb untergerührt werden. Das Mehl und das Backpulver in einer zweiten Schüssel sieben und vermengen. Die trockenen Zutaten abwechselnd mit Sahne in die Buttermasse unterrühren. Für dieses Rezept wird am besten ein herzförmiges Waffeleisen verwendet. Dieses wird dann vorgeheizt und mit etwas Butter oder Öl eingefettet.

Die Creme, die später zwischen den Waffeln geschmiert werden wird:

In einem Topf das Pulver mit 250 ml Wasser und 100 g Zucker verrühren. Während gerührt wird, ein wenig erhitzen. Wenn der Zucker geschmolzen ist, kann der Topf beiseite gestellt werden, dass die Mischung abkühlen kann. Den Schmand in einer Schüssel mit dem Frischkäse vermengen und anschließend die Sahne steif schlagen. Wenn die Götterspeisemixtur leicht zu gelieren anfängt, den Frischkäse und die Sahne nach und nach unterheben. Ein Tortenteller zur Hand nehmen und darauf eine Waffel legen. Ca. 3 EL der Creme verstreichen und eine weitere Waffel auf die Creme legen. Diesen Vorgang wiederholen bis zur letzten Waffel, die man dann ebenfalls mit der übrigen Creme bestreicht und mit Himbeeren garniert. Die Waffeltorte sollte etwa 1 Stunde abkühlen und kann dann genossen werden.

54. Frühstückswaffeln auf franzözische Art

<table>
<tr><td>Zubereitungszeit
15 Minuten</td><td>Backzeit
7 Minuten</td><td>Portionen für
2 Waffeln</td></tr>
</table>

Zutaten:

1,5 TL Mehl	70 g Gruyère Käse
1,5 TL ungesalzene Butter	1 Ei
60 ml Milch	Thymian
2 TL Dijon Senf	Salz
3 Scheiben Schinken	Pfeffer

Zubereitung:

Den Ofen auf 170°C vorheizen. Währenddessen kann die Béchamel-Soße gemacht werden. In einer kleinen Pfanne Milch bei mittlerer Hitze erwärmen, bis sich Dampf bildet. Achtung: Die Milch nicht zum Kochen bringen. Einen zweiten Topf zur Hand nehmen und Butter auf mittlerer Stufe schmelzen lassen. Sobald sie geschmolzen ist, kann das Mehl dazugegeben werden. Mit den Schneebesen gut umrühren. Nach 1-2 Minuten sollte die Mixtur, die man in der französischen Küche „Roux" nennt, einige Blasen haben und heiß sein. Die heiße Milch in die Roux einrühren. Achtung: Die ganze Mischung sollte gründlich mit einem Schneebesen gerührt und über mittlerer Hitze gehalten werden, bis sie dickflüssig vom Löffel fällt. Mit Salz, und Pfeffer abschmecken und beiseite stellen. Ein Backblech mit Backpapier auslegen und eine Waffel auf das Blech legen. Den Senf auf die Waffel schmieren und mit 3 Scheiben Schinken bedecken. Den Käse reiben und auf den Schinken verteilen. Das Backblech in das Backrohr schieben und 5-7 Minuten lang, bis der Käse geschmolzen ist, backen lassen. Die andere Waffel auf den geschmolzenen Käse legen und Béchamel-Sauce in die Mulden der Waffel fließen lassen. Den restlichen Käse darüber verteilen. Wieder in den Ofen, aber diesmal auf höchster Schiene für 2 Minuten geben. Ein Spiegelei in einer Pfanne braten und über die Waffeln legen. Fertig ist die Frühstückswaffel französischer Art.

55. Grillfest-Waffeln

Zubereitungszeit	Backzeit	Portionen für
25 Minuten	15 Minuten	6-8 Waffeln

Zutaten:

Schweinefleisch zubereitet mit BBQ Soße
125 g Mehl
2 TL Backpulver
80 g ungesalzene Butter
240 ml Milch
1 großes Ei

30 g geriebenen Parmesan
1 EL Honig
1 TL Vanilleextrakt
¼ TL Meersalz
80 ml Erdnussöl

Zubereitung:

Die trockenen Zutaten in einer großen Schüssel vermengen: Mehl, Backpulver und Meersalz gut vermischen. In einer Pfanne Milch, ungesalzene Butter, Erdnussöl, Honig und Vanilleextrakt bei mittlerer Hitze zusammenrühren. Die Butter und der Honig sollte gut in die Masse eingeschmolzen sein. Dann beiseite stellen. Eigelb vorsichtig vom Eiklar trennen. Das Eiweiß in eine kleine Schüssel geben. Das Eigelb in eine Schüssel gemeinsam mit ein wenig Milch verquirlen. Sobald es gut vermischt ist, die restliche Milch einrühren. Das Eiweiß zu festen Schnee verarbeiten. Die Ei-Milch-Mischung abwechselnd mit 20 g Parmesankäse langsam in die Schüssel mit den trockenen Zutaten unterrühren. Nicht zu viel rühren. Es dürfen kleine Klumpen im Teig bleiben. Den Eischnee unterheben und den Teig für eine Weile ruhen lassen. Das Waffeleisen vorheizen. Ein wenig einfetten. Ein wenig Masse in die Form gießen und die gleiche Menge Schweinefleisch dazugeben. Ein wenig Parmesan oben drüber streuen und mit ein wenig Teig abschließen.

Achtung: Darauf achten, dass man am Anfang nicht zu viel Teig in das Eisen gibt. Wie viel Teig, Fleisch oder Parmesan man möchte, kommt auf einen selbst drauf an. Die Waffeln 5-6 Minuten goldbraun ausbacken (mit dunklen Käsestellen). Die Waffel aus den Eisen heraus nehmen und einige Male in der Luft wenden. Dadurch entsteht eine knusprige Oberfläche. Mit Ahornsirup servieren und zu jeder Zeit genießen!

Tipp: Alternativ zu der Wendemethode können die Waffeln auch auf ein Kuchengitter gelegt und jeweils 30 Sekunden pro Seite mit einen Ventilator abgekühlt werden.

56. Herzhafte Waffeln aus der Fritteuse

<table>
<tr><td>Zubereitungszeit
20 Minuten</td><td>Backzeit
20 Minuten</td><td>Portionen für
6-8 Waffeln</td></tr>
</table>

Zutaten:
125 g Mehl
50 g Zucker
1 Päckchen Vanillezucker
2 Eier
125 ml Milch
2 TL Rum
1 Prise Salz
Frittierfett
Puderzucker

Zubereitung:
In einer Schüssel Zucker, Mehl und Salz vermengen und mit Milch verrühren. Die Eier in einem Glas verquirlen und der Masse zuführen. Die Masse sollte nun eine leicht flüssige Konsistenz aufweisen. Nun kann das Fett schon mal in der Pfanne erhitzt werden. Eine Tauchform für Rosettenwaffeln zur Hand nehmen und in das Fett tauchen, so dass sie komplett mit Fett bedeckt ist. Erhitzen und aus den Fett nehmen, um es abtropfen zu lassen.
Die Tauchform vorsichtig in die Schüssel mit dem Teig tauchen, so dass sie, wie im Fett, vollständig bedeckt ist. Die Masse sollte sich sofort an die Form ankleben und kann somit auch gleich ins Fett abtauchen, so dass sie dort goldgelb ausgebacken werden kann. Der Teig sollte sich von alleine von der Form lösen. Anschließend mit Puderzucker servieren.

57. Kanadische Waffeln

<table>
<tr><td>Zubereitungszeit
15 Minuten</td><td>Backzeit
60 Minuten</td><td>Portionen für
10 Waffeln</td></tr>
</table>

Zutaten:

Für den Teig:
190 g Buchweizenmehl
2 TL Backpulver
½ TL Natron
1 TL Vanilleextrakt
360 ml Buttermilch
½ TL Salz
2 EL Kokosöl

Für die karamellisierten Zwiebeln:
2-4 Zwiebeln
3 EL Olivenöl
3 EL Weißwein
1 Prise Salz

Für die Soße:
60 g Butter
30 g Mehl
950 ml Milch
Salz
Pfeffer

Zubereitung:

Die Waffeln:

In einer großen Schüssel Mehl, Backpulver, Natron und Salz gut vermengen.
In einer separaten Schüssel Öl hinzufügen und mit der Buttermilch und den Vanilleextrakt zusammenrühren. Der Buttermilch-Mix in die trockenen Zutaten einrühren. 2-3 EL der Masse in ein vorgeheiztes und mit Fett beschmiertes Waffeleisen gießen und etwas verstreichen. Die Waffeln 2-3 Minuten lang ausbacken, so lange, dass sie goldbraun rauskommen. Auf ein mit Backpapier ausgelegtes Backblech legen und bei 90°C erst einmal warm halten, bis die Garnierung fertig zubereitet ist.

Die karamellisierten Zwiebeln:

Die Zwiebeln schälen und in Hälften schneiden. Dann fein zerhacken. Eine Pfanne auf den Herd stellen und geringe Hitze einstellen. Olivenöl dazugeben. Die Zwiebeln hinzufügen und durchrühren, so dass jedes der Stücke gut mit dem Öl benetzt ist. Weitere 10 Minuten bei geringer Hitze braten lassen. Dann eine kleine Prise Salz dazugeben und weitere 30 Minuten langsam braten. Die ganze Zeit wenden und rühren. Sobald sie goldbraun sind, Weißwein über die Zwiebeln schütten und beiseite Stellen.

57. Kanadische Waffeln

<table>
<tr><td>**Zubereitungszeit**
15 Minuten</td><td>**Backzeit**
60 Minuten</td><td>**Portionen für**
10 Waffeln</td></tr>
</table>

Die Soße:

In einer Pfanne langsam Butter zergehen lassen. Das Mehl hinzufügen und so lange umrühren, bis die Mischung etwas bräunlich ist. Von der Hitze entfernen und Milch einrühren. Die Pfanne wieder auf die heiße Platte stellen. Umrühren bis sie dickflüssig geworden ist. Mit Salz und Pfeffer abschmecken und zudecken. Beiseite stellen. Die Waffeln auf einen Teller legen und mit karamellisierten Zwiebeln, Soße und eventuell Speck und Schnittlauch garnieren. Wer es noch kanadischer haben möchte, legt noch ein paar „Cheese Curds" dazu.

58. Karottenkuchen zum Frühstück

Zubereitungszeit	Backzeit	Portionen für
20 Minuten	20 Minuten	4-6 Waffeln

Zutaten:

100 g Hafermehl
1 TL Backpulver
1 EL Muscovado Zucker
1 TL Zimt
¼ TL gemahlenen Ingwer
1/8 TL Muskatnuss
1 Prise Piment
1 Prise Salz

1 großes Ei
6 EL ungesüßte Mandelmilch
30 g Karotten
2 EL Apfelkompott
½ TL Vanilleextrakt
2 EL Kokosöl
70 g Mandelschrot

Zubereitung:

In einer großen Schüssel Mehl, Backpulver, Mandelschrot, Zucker, Gewürze und Salz gut vermengen. Die Eier verquirlen und anschließend Milch, Apfelkompott und Vanilleextrakt gut einrühren. Dann Öl und Milchmischung abwechselnd in die Schüssel mit den trockenen Zutaten einrühren. Die Karotten waschen und in eine Schüssel reiben. Die Karotten in den Teig unterheben. Das Waffeleisen vorheizen, mit etwas Kokosöl bepinseln und goldbraun ausbacken. Die Waffeln mit Ahornsirup, Walnüsse und Kokosraspeln, oder auch Mandelraspeln, garnieren. Fertig ist der Kuchen in Waffelform!

59. Kleine Aniswaffelkekse

<table>
<tr><td>Zubereitungszeit
10 Minuten</td><td>Backzeit
20 Minuten</td><td>Portionen für
40-45 Kekse</td></tr>
</table>

Zutaten:
80 g Kartoffelmehl
160 g Mehl
1 TL Backpulver
100 g Zucker
40 g weiche Butter
40 g weiche Margarine
40 g Schmalz
1 Ei
1 Messerspitze Anis

Zubereitung:
Butter, Margarine, Schmalz und Zucker mit dem elektrischen Handrührgerät schaumig rühren und das Ei hinzufügen. Das Mehl, das Backpulver und die Messerspitze Anis in eine separaten Schüssel sieben und gut vermengen. Anschließend in die Buttermasse unterrühren. Wenn alle Zutaten zu einem homogenen Teig geknetet worden sind, kann man kleine Bällchen formen, die man anschließend in das heiße Waffeleisen geben kann. Die Bällchen sind deswegen klein, weil kleine Kekse entstehen sollen, die man später als Snack verzehren kann. Den Teig jeweils 2-4 Minuten ausbacken und in einer ausgelegten Keksschale zum Naschen hinstellen.

60. Waffeln aus Blätterteig

Zubereitungszeit	Backzeit	Portionen für
20 Minuten	20 Minuten	10 Waffeln

Zutaten:

450 g Blätterteig

400 g Sahne

1 Päckchen Sahnesteif

1 Päckchen Vanillezucker

200 g Marmelade

1 Päckchen Vanillepudding-Pulver

Zubereitung:

Das Waffeleisen auf mittlere Hitze einstellen und vorheizen. Den Blätterteig auflegen und so schneiden, dass der Teig schön in das Waffeleisen passt. Den Teig im Waffeleisen goldbraun ausbacken und auf einem Küchengitter auskühlen lassen. Die Schlagsahne mit jeweils einem Päckchen Sahnesteif und einem Päckchen Vanillezucker in eine Rührschüssel geben und steif schlagen. Die Masse in ein Plastikbeutel geben und zum dekorativen Garnieren auf die Waffel spritzen. Die Waffeln anschließend mit etwas Marmelade und Pudding garnieren und das Meisterwerk sofort verzehren.

Tipp: Die Ecken und abgeschnittenen Stücke des Blätterteigs in dem Waffeleisen neu anordnen, so dass kein Stück verschwendet wird.

61. Würziges Waffel-Hühnersandwich

Zubereitungszeit	Backzeit	Portionen für
60 Minuten	20 Minuten	10 Waffeln

Zutaten:

280 g Weizenmehl	600 g Hühnerbrust
2 TL Backpulver	2 Stück Avocado
120 g Butter	140 g Cheddar
2 Eier	2 Stängel Petersilie
450 ml Milch	2 TL Salz
2 TL Zitronensaft	Salz
6 EL Süß-Sauer-Chili-Soße	frischer Pfeffer
2 EL Öl	Öl zum Einfetten

Zubereitung:

Den Ofen auf 200°C aufheizen. Die Hühnerbrust währenddessen vorbereiten: Waschen, abtupfen und in 1-2 cm dicke Stücke schneiden. Die Hühnerbrust flach auflegen und abklopfen. Öl darüber gießen und mit Salz und Pfeffer bestreuen. Auf einem Backblech Backpapier legen und die Stücke auf das Papier drauflegen. Anschließend 20-25 Minuten im Ofen backen lassen. 5 Minuten bevor sie raus sollten mit etwas Süß-Sauer-Soße bestreichen.

Avocados in die Hälfte schneiden und das Fruchtfleisch mit einem Löffel ausschaben. In einer Schüssel zerdrücken und mit Zitronensaft, Salz und Pfeffer vermischen. Einen Topf zur Hand nehmen und Milch auf mittlerer Stufe erhitzen. Die Butter hinzufügen und umrühren, bis sie geschmolzen ist. Zum Abkühlen beiseite stellen. Den Cheddar in feine Streifen reiben und Petersilie waschen, trocknen und schneiden. Die Eier mit Salz in einer weiten Schüssel verquirlen und das Mehl einrühren. Die Milch mit einrühren und abschließend Cheddar und Petersilie unterheben. Das Waffeleisen vorheizen und leicht mit Öl bepinseln. 10 Waffeln goldbraun ausbacken. Die Avocado-Creme auf 5 Waffeln verteilen und die Hühnerbrust darüber legen. Mit der anderen Hälfte abschließen und in kleine Sandwiche schneiden.

Tipp: Gerne kann man die Waffel-Sandwiche je nach Belieben auch anders belegen, zum Beispiel mit Truthahn oder geräucherten Lachs.

62. Zimtschneckenwaffeln

Zubereitungszeit	Backzeit	Portionen für
20 Minuten	20 Minuten	6-8 Waffeln

Zutaten:

Für die Waffeln:

250 g Mehl	1/3 TL Weinstein
½ TL Natron	420 ml Buttermilch
1 TL Salz	60 ml geschmolzene Butter
3 TL Zimt	2 EL Ahornsirup
2 Eier	1 EL Vanillezucker

Für die Creme:

4 EL Butter
50 g Frischkäse
110 g Puderzucker
½ TL Vanilleextrakt

Zubereitung:

Mehl, Natron, Salz und Zimt in einer großen Schüssel vermengen und fürs Erste beiseite stellen. Die Eier aufschlagen und trennen. Dann das Eiweiß in einer kleineren Schüssel gemeinsam mit dem Weinstein mit dem Handrührgerät steif schlagen. Das Eigelb in eine separate Schüssel gemeinsam mit der Buttermilch, der geschmolzenen Butter, dem Sirup und dem Vanilleextrakt verrühren. Die Schüssel mit den trockenen Zutaten zur Hand nehmen und in der Mitte eine Mulde bilden. Dort kommt die Eigelb-Mischung hinein, die schlussendlich gemeinsam mit dem Mehl gut vermischt wird.

Dann den Eischnee unter den Teig heben. Das Waffeleisen vorheizen und ein wenig einfetten. Den Teig in das Waffeleisen geben und 3-4 Minuten backen bis die Waffel goldbraun ist.

Nun zur Creme:

Die Butter mit dem Frischkäse, dem Puderzucker und den Vanilleextrakt zusammenmischen. Um die Creme etwas flüssiger zu machen empfiehlt es sich, sie 20 Sekunden in die Mikrowelle zu stellen. Die Waffeln auf einen Teller stapeln und mit Zimt, Puderzucker und der Creme anrichten. Fertig ist die Zimtschnecke in Waffelform.

Spezielle Waffeln

63. Brandteig-Waffeln

Zubereitungszeit	**Backzeit**	**Portionen für**
20 Minuten	20 Minuten	8-10 Waffeln

Zutaten:
150 g Dinkelmehl
30 g Vanillezucker
130 g Butter
4 große Eier
300 g Wasser
1 Prise Salz
Etwas Kristallzucker
Zimt

Zubereitung:
Einen großen Topf zur Hand nehmen und auf eine Platte bei mittlerer Hitze stellen. Wasser in den Topf gießen und Zucker, Butter und eine Prise Salz zum Kochen bringen. Das Mehl in eine Schüssel sieben und das Ganze gleich in den Topf schütten. Mit einem Löffel aus Holz anschließend bei mittlerer Hitze umrühren. Die Mischung etwa 2 Minuten umrühren, bis keine Klumpen mehr zu sehen sind. Die Masse aus den Topf heraus nehmen und in ein anderes Gefäß geben, um es 10 Minuten erkalten zu lassen. Dann ein Ei nach dem anderen in den Teig einrühren und zu einer gleichmäßige Masse rühren. Ein wenig Teig in das Waffeleisen geben, dass vorher aufgeheizt und eingefettet wurde, und 3-4 Minuten goldbraun ausbacken. Die Brandteigwaffeln anschließend auf einen Teller legen. Etwas Zucker und Zimt vermischen und über die Waffeln streuen. Fertig zum Genießen!

64. Gesunde Bananenwaffeln ohne Mehl

Zubereitungszeit	Backzeit	Portionen für
20 Minuten	10 Minuten	2 Waffeln

Zutaten:
1 Banane
1 Ei
4 EL Milch
3 EL feine Haferflocken
3 EL gemahlene Mandeln
2 EL Kokosraspeln

Zubereitung:

Die Bananen mit einer Gabel in einer großen Schüssel zerdrücken. Das Ei hinzufügen und gut vermischen.

Anschließend Milch, Haferflocken, Mandeln und Kokosraspeln hinzufügen und so lange verrühren, bis eine gleichmäßige Masse entsteht.

Die Waffeln in einer vorgeheizten und eingefetteten Form für Waffeln goldbraun ausbacken und auf einem Kuchengitter auskühlen lassen.

Schlussendlich eventuell mit etwas Ahornsirup garnieren und genießen.

65. Glutenfreie Waffeln aus Kakaopulver

Zubereitungszeit	Backzeit	Portionen für
20 Minuten	20 Minuten	8-10 Waffeln

Zutaten:

230 g glutenfreies Küchenmehl	40 g Butter
2 TL Backpulver	2 Eier
40 g Kakaopulver	300 ml Buttermilch
¼ TL Natron	100 ml Milch
2 TL Zucker	1 Prise Salz
1 Päckchen Vanillezucker	

Zubereitung:

Die Butter in einem Topf zum Schmelzen bringen. Dies kann man auch einfach in der Mikrowelle machen. Die geschmolzene Butter mit dem Vanillezucker glatt rühren und beiseite stellen, um es auskühlen zu lassen. In einer Schüssel 2 Eier schaumig schlagen und dazu eine Prise Salz werfen. Nachdem die Buttermischung ausgekühlt ist, diese mit Buttermilch und normaler Milch in die Eier geben und gut durchrühren. Die trockenen Zutaten in einer separaten Schüssel vermengen. Mehl, Backpulver, Natron, Kakaopulver und Zucker sollten gut vermischt sein. Die Mehlmischung nach und nach der anderen Schüssel zuführen und dabei achten, keine Klumpen entstehen zu lassen.

Den Teig beiseite stellen und 5-10 Minuten rasten lassen. Die Masse kann verwendet werden, sobald oben kleine Bläschen entstehen. 2-3 EL in die Mitte eines vorgeheizten und eingefetteten Waffeleisens geben und 5-8 Minuten lang backen lassen. Die Waffeln auf einen Teller servieren und beliebig mit Schokosoße, Früchten, Marmelade oder Ahornsirup garnieren.

66. Glutenfreie Waffeln mit Lebkuchen-geschmack und Zimt-Soße

<table>
<tr><td>Zubereitungszeit
50 Minuten</td><td>Backzeit
30 Minuten</td><td>Portionen für
8 Waffeln</td></tr>
</table>

Zutaten:

Für die Waffeln:
300 g Teffmehl
2 TL Backpulver
1 ½ TL gemahlener Ingwer
1 ¼ TL Zimt
¼ TL Muskatnuss
¼ TL Piment
2 EL gemahlener Leinsamen

¼ TL Salz
300 ml Sojamilch
60 ml Zuckerrohr-Melasse
60 ml Kokosöl
60 g Kokoszucker
6 EL Wasser

Für das Topping:
400 ml Kokosmilch in Dose
3 EL Ahornsirup
1 Vanilleschote
½ TL Zimt

Zubereitung:

Die Waffeln:

Leinsamen und Wasser in einer kleinen Schüssel zusammenmischen, beiseite stellen und quellen lassen.Das Teffmehl mit Backpulver, Ingwer, Zimt, Muskatnuss, Piment und Salz in einer großen Schüssel gut vermengen. In einer separaten Schüssel, aufgequollenen Leinsamen mit Sojamilch, Zuckerrohr-Melasse, Kokosnussöl und Kokoszucker mit einem elektrischen Handrührgerät verrühren. Diese Mischung in die trockenen Zutaten einrühren und dabei gleichmäßig vermengen. Achtung: Nicht zu viel vermengen. Die Masse sollte dickflüssig sein. Das Waffeleisen erhitzen, mit etwas Kokosöl einfetten und mit der Masse befüllen. Etwas verstreichen und goldbraun ausbacken.

Nun das Topping:

Das Fett/Fruchtfleisch der Kokosnuss herausnehmen und in eine Schüssel geben. Die Vanilleschote mit einem Messer halbieren und das Mark herauskratzen. Anschließend in die Schüssel mit Zimt und Ahornsirup geben. Die Masse gut verrühren. Falls die Soße zu fest ist, ist es ratsam ein wenig Sojamilch hinzuzufügen. Die Waffeln auf einen Teller servieren und mit der Soße beträufeln

67. Glutenfreie Waffeln mit Zitronenüberraschung

<table>
<tr><td>Zubereitungszeit
20 Minuten</td><td>Backzeit
20 Minuten</td><td>Portionen für
8 Waffeln</td></tr>
</table>

Zutaten:

Für den Teig:
210 g glutenfreies Mehl
½ EL Backpulver
80 g Zucker
1 Päckchen Vanillezucker
300 ml Vollrahm
3 Eier
1 Prise Salz

Für die Zitronencreme:
2 EL Puderzucker
100 ml Rahm
150 g Halbfettquark
1 Zitrone

Zubereitung:

Die Waffeln:
In einer Schüssel Mehl, Backpulver, Zucker, Vanillezucker und eine Prise Salz gut durchmischen.
Anschließend 3 Eier in einem Glas verquirlen und mit dem Vollrahm in die trockene Mischung unterrühren.
Das vorgeheizte Waffeleisen mit Fett beschmieren und die Waffeln goldbraun ausbacken. Dann auf einem Gitter auskühlen lassen.

Nun zu der Creme:
Die Zitrone waschen und die Schale abreiben. Die Zitrone ausdrücken.
Den Quark mit Rahm und Zucker cremig schlagen, danach Zitronenschale und Zitronensaft unterrühren.
Die Waffeln auf einen Teller legen und mit der fruchtigen Zitronencreme genießen.

68. Hefeteig-Waffeln

Zubereitungszeit	Backzeit	Portionen für
80 Minuten	20 Minuten	6-8 Waffeln

Zutaten:
300 g Mehl
12 g Hefe
85 g Butter
1 Eier
3 EL Honig
350 ml Milch
1 TL Vanilleextrakt
1 Prise Salz

Zubereitung:

In einem Topf Milch ein wenig erhitzen und währenddessen Hefe mit Honig in einer kleinen Schüssel vermengen. Ein bisschen warme Milch hinzufügen und gut verrühren. In einer separaten Schüssel Eier mit der restlichen lauwarmen Milch vermischen und Butter in einem Topf oder in der Mikrowelle schmelzen lassen. Die Butter mit Vanilleextrakt cremig rühren und etwas Salz hinzufügen. Wenn die Masse gut verrührt ist, die Hefemixtur hinein geben. Während des Rührens Mehl in die Schüssel sieben. So lange rühren, bis der Teig eine homogene Masse ergibt. Mit einem etwas angefeuchteten Tuch bedecken und zum Fensterbrett, über der Heizung oder an einem anderen warmen Ort 1 Stunde gehen lassen. Die Teigmasse hat genug gegärt, wenn sich kleine Bläschen auf der Oberfläche bilden. Die Masse sollte dickflüssig sein. In einen vorgeheizten Waffeleisen ein wenig Öl geben und verstreichen. Die Waffeln jeweils 5-7 Minuten goldbraun ausbacken. Die Waffeln auf einen Teller legen und mit Honig, Ahornsirup oder einem anderen Topping genießen.

69. Klassische Dinkelwaffeln

Zubereitungszeit	Backzeit	Portionen für
10 Minuten	20 Minuten	4 Waffeln

Zutaten:
250 g Dinkelvollkornmehl
150 g Butter
3 Eier
100 ml Milch
150 g Akazienhonig
1 Vanilleschote
Salz

Zubereitung:
Butter und Honig gut verrühren.
Die Vanilleschote halbieren und das Mark mit einem Messer herauskratzen.
Das Mark und eine Prise Salz gut mit der Butter und dem Honig vermengen.
Die Eier in einem Glas verquirlen und mit der Butter zusammenrühren.
Anschließend einmal Mehl und einmal Milch der Masse unterrühren und einen schönen Teig machen. Falls der Teig zu trocken oder zu feucht ist, empfiehlt es sich noch ein wenig Milch oder Mehl hinzuzufügen.
Ein vorgeheiztes Waffeleisen zur Hand nehmen und ein wenig mit Öl oder Butter einfetten. Die Waffel 5-6 Minuten goldbraun ausbacken und wer möchte auf einem Kuchengitter abkühlen lassen.

Tipp: Marmelade von roten Beeren, Kirschen oder/und auch Sahne passen außerordentlich gut zu den Waffeln.

70. Mehrkornwaffeln mit Spinat und Käse

Zubereitungszeit	Backzeit	Portionen für
20 Minuten	20 Minuten	6-8 Waffeln

Zutaten:

80 g Vollkornmehl	2 EL Grapefruit Saft
60 g Hafermehl	1 TL Vanilleextrakt
2 TL Backpulver	½ TL schwarzer Pfeffer
2-5 EL Leinsamen	120 ml Cremespinat
70 g Mandelmehl	125 g Parmesan
5 Eier	2 EL Olivenöl
360 ml Milch	1 Prise Salz

Zubereitung:

Ein Ei mit Milch, Grapefruit Saft, Vanilleextrakt, Spinat und Olivenöl zusammenrühren.

Die Mehlsorten, Backpulver, Leinsamen, Pfeffer und Salz in eine Schüssel sieben und vermischen.

Die feuchten Zutaten hinzufügen und alles gut durchmischen, so dass eine gleichmäßige Masse entsteht. Den Käse abschließend unterrühren und für 10 Minuten ruhen lassen.

Das Waffeleisen mittlerweile vorheizen und mit etwas Öl bepinseln. Die Waffeln 5-8 Minuten goldbraun ausbacken. Wie lange es dauert hängt von der Größe und der Art des Waffeleisens an.

Anschließend auf einen Teller mit einem Spiegelei oben drauf servieren.

71. Mit Schokolade überzogene Dinkelwaffeln in origineller Soße aus Karamellbonbons

Zubereitungszeit	Backzeit	Portionen für
60 Minuten	30 Minuten	8 Waffeln

Zutaten:

250 g Dinkelmehl
1 TL Backpulver, gehäuft
50 g Zucker
1 Päckchen Vanillezucker
125 g Butter
3 Eier
120 ml Milch

300 g Schlagsahne
150 g Vollmilchjoghurt
150 g weiche Karamellbonbons
150 g Zartbitterschokolade
1 Prise Salz
Öl

Zubereitung:

Die Schlagsahne in einem Topf erhitzen und gehackte Bonbons darin verrühren. Die Hitze der Platte sollte so heiß sein, dass die Bonbon-Stücke darin schmelzen und ein wenig köcheln können. Die Masse, wenn sie leicht cremig geworden ist, abkühlen lassen. Die Butter in einer Schüssel gemeinsam mit dem Zucker, dem Vanillezucker und einer Prise Salz mit einem Schneebesen zu einer cremigen Masse rühren. Dies gelingt am besten mit einem elektrischen Handrührgerät. Die Eier und 50 g Mehl einrühren und den Rest des Mehls mit dem Backpulver in eine separate Schüssel sieben und vermengen. Joghurt und Milch langsam in die Mehlmischung unterrühren. Das Waffeleisen aufheizen und mit etwas Öl dünn bepinseln. 2-3 EL der Masse in die Waffeleisen-Form geben und ein wenig verteilen. Die Schokolade auf einem Brett zu mittelgroßen Stücken hacken. Am besten noch in der Packung auf den Boden schmeißen, um den Prozess zu erleichtern. Die Schokoladenstückchen in einem Topf mit Wasser schmelzen lassen und sofort verwenden. Die Waffeln anschließend in kleine Stücke schneiden. Gleich eine Seite in Schokolade und die andere in die Karamellsoße tunken.

Tipp: Die Waffel muss nicht unbedingt in kleine Stücke geschnitten werden, wenn sie nicht allzu groß sind oder so gewünscht werden.

72. Vegane Schoko-Waffeln mit Vanillegeschmack

Zubereitungszeit	Backzeit	Portionen für
30 Minuten	20 Minuten	4 Waffeln

Zutaten:

250 g Weizenmehl
1 TL Backpulver
2 EL Kakaopulver
2 EL brauner Zucker
1 Vanilleschote

20 g Puderzucker
50 ml Mineralwasser
350 ml Mandelmilch
Salz
Sonnenblumenöl

Zubereitung:

Die Vanilleschote auf einem Brett längs aufschneiden und das Mark mit einem Messer in eine große Schüssel kratzen.

In die Schüssel Mandelmilch, Wasser, Zucker und eine Prise Salz hinzufügen und mit einem elektrischen Mixer gut vermengen.

Die trockenen Zutaten, also Mehl und Backpulver, in die Milchmischung sieben und zu einen Teig vermischen.

Den Teig in zwei gleichmäßige Teile trennen. Dann einen Teil mit Kakaopulver vermengen.

In einem vorgeheizten, mit Öl bepinselten, Waffeleisen jeweils einen Esslöffel der Massen geben und ein wenig verteilen.

Die Waffeln goldbraun ausbacken und auf einem Gitter abkühlen lassen.

Beim Servieren mit Puderzucker garnieren.

73. Waffeln für Diabetiker

Zubereitungszeit	Backzeit	Portionen für
20 Minuten	20 Minuten	12 Waffeln

Zutaten:

250 g Mehl
1 TL Backpulver
125 g Margarine
4 Eier
¾ TL flüssigen Süßstoff
125 ml Buttermilch
1 Vanilleschote
1 Prise Salz
Rapsöl

Zubereitung:

Das Fett mit Eiern, Süßstoff, Vanillemark und eine Prise Salz zu einer Masse mit schaumiger Konsistenz verrühren.

In einer zweiten Schüssel Mehl und Backpulver sieben und vermengen.

In die Fettmasse abwechselnd Mehl und Buttermilch rühren, bis der Teig cremig geworden ist. Achtung: Er sollte nicht dickflüssig sein, aber auch nicht zu flüssig. Wenn der Teig eines der beiden Merkmale aufweist, je nach dem mit etwas Mehl oder Buttermilch ergänzen.

Das Waffeleisen vorheizen und mit etwas Öl ausstreichen. Die Waffeln anschließend goldbraun ausbacken und auf einem Küchenrost auskühlen lassen.

74. Waffeln für Veganer

<table>
<tr><td>Zubereitungszeit
15 Minuten</td><td>Backzeit
10 Minuten</td><td>Portionen für
3 Waffeln</td></tr>
</table>

Zutaten:

200 g Mehl	1 EL Zitronensaft
2 TL Backpulver	¼ Vanilleextrakt
1 EL Kokosblütenzucker	1 Prise Salz
1 EL Chiasamen	Öl
1 Banane	Früchte
125 ml Pflanzenmilch	Sojajoghurt
100 ml Mineralwasser	

Zubereitung:

Die Banane in einer Schüssel mit der Gabel zerdrücken und Pflanzenmilch, Zitronensaft, Wasser und Vanilleextrakt hinzufügen. Gut umrühren.

In einer separaten, großen Schüssel das Mehl mit Backpulver, Kokosblütenzucker, Chiasamen und Salz vermengen.

Die feuchten Zutaten in die Mehlmischung geben und nach und nach mit den trockenen Zutaten verrühren. Anschließend 10 Minuten arbeiten lassen.

Das Waffeleisen aufheizen und mit ein wenig Öl einfetten. 2-3 EL des Teigs in die Waffelform gießen und für einige Minuten ausbacken. Sobald die Waffeln goldbraun sind, können sie herausgenommen werden und auf einem Kuchengitter abkühlen.

Die Waffeln auf einen Teller servieren und mit etwas Joghurt und Früchten garnieren.

75. Waffeln ohne Waffeleisen

Zubereitungszeit	Backzeit	Portionen für
20 Minuten	20 Minuten	15 Waffeln

Zutaten:

Für die Waffeln:

350 g Mehl
3 TL Backpulver
180 g Zucker
1 Päckchen Vanillezucker
200 g Butter
6 Eier

350 ml Milch
200 ml Schlagsahne
1 Prise Salz
Zitronensaft
Puderzucker

Außerdem:

Butter
Pfanne oder ein
Sandwichtoaster mit Rillen
Pfannenwender
Kuchengitter

Zubereitung:

In einer kleinen Schüssel Mehl, Backpulver und Salz gut vermengen. In einer großen Schüssel Butter, Eier, Zucker und Vanillezucker zu einer cremigen Masse rühren. Mehl und Milch abwechselnd in die große Schüssel geben und in den Teig einrühren. Das Mehl vorher sieben. Die Masse sollte dickflüssig sein. Falls sie das nicht ist, Mehl oder Milch, je nach dem ob sie zu fest oder zu flüssig ist, hinzufügen. Den Teig mit ein wenig Zitronensaft abrunden. Die Pfanne oder den Sandwichtoaster auf mittlerer Hitze einstellen. Sobald es heiß ist, kann die Butter auf die Fläche gepinselt werden. Die Butter sollte sofort schmelzen und ein wenig zischen. Einen Klecks des Teigs auf die Oberfläche geben und rundlich anordnen. Die Hitze etwas herunter drehen, dass die Waffel an den Rillen nicht anbrennt. Wenn sich Bläschen oben auf den Teig bilden, kann gewendet werden. Mit einem Pfannenwender immer wieder platt drücken und so lange backen, bis die Waffel durch ist. Die Waffel entweder sofort mit ein wenig Butter oben drauf genießen oder auf einem Kuchengitter auskühlen lassen und anschließend mit Ahornsirup servieren.

Tipp: Um zu testen, ob die Oberfläche der Pfanne oder des Sandwichtoasters heiß genug ist, empfiehlt es sich sie mit ein wenig Wasser zu beträufeln. Wenn das Wasser auf der Oberfläche tanzt und sofort verdampft, ist die Oberfläche heiß genug.

76. Zimt-Dinkel-Waffeln mit geriebenen Äpfeln

Zubereitungszeit	Backzeit	Portionen für
15 Minuten	15 Minuten	4 Waffeln

Zutaten:

100 g Dinkelvollkornmehl

1 TL Backpulver

50 g Zucker

50 g Butter

3 Eier

125 ml Milch

1 TL Zimt

100 g Mandeln

3 Äpfel

Zubereitung:

Die Äpfel waschen, eventuell schlechte Stellen herausschneiden und schälen. Anschließend halbieren und die Kerne entfernen. Die Äpfel raspeln.

Das Mehl gemeinsam mit Backpulver und Zimt in einer Schüssel vermengen.

In einer separaten Schüssel Butter mit den Eiern und dem Zucker cremig rühren. Dann in die Trockenmischung geben und gut vermengen.

Die Milch ebenfalls unterrühren und abschließend Mandeln und geriebene Äpfel unterheben.

Das vorgeheizte Waffeleisen mit Butter einfetten und goldbraun ausbacken.

Die Waffeln am besten noch warm und mit Puderzucker und Eis genießen.

Waffeln für Genießer

77. Beerige Frischkäse-Waffeln

Zubereitungszeit	Backzeit	Portionen für
30 Minuten	20 Minuten	4 Waffeln

Zutaten:

120 g Frischkäse
50 g Puderzucker
1 TL Vanilleextrakt
80 g Blaubeeren-Marmelade
80 g Blaubeeren
8 Scheiben Zimt-Rosinen-Brot
1 Ei
80 ml Milch
Etwas Butter oder Öl

Zubereitung:

In einer kleinen Schüssel Frischkäse, ½ Teelöffel Vanilleextrakt und Puderzucker gut vermengen. 4 Brotscheiben auflegen und mit dem Frischkäse-Mix bestreichen. Auf den übrigen vier Scheiben Marmelade schmieren und einige Blaubeeren verteilen. Die Scheiben mit dem Frischkäse auf die mit den Blaubeeren legen und fürs Erste beiseite legen.

In einer kleinen Schüssel ein verquirltes Ei, das übrige Vanilleextrakt und Milch gut verrühren. Das Waffeleisen vorheizen und mit ein wenig zerlassener Butter oder Öl bepinseln. Beide Seiten des Brotes in die Ei-Mixtur tränken und sofort in das Waffeleisen für etwa 3-4 Minutengeben. Sobald die Waffel außen knusprig und goldbraun ist, kann sie aus den Eisen genommen werden.

Die Waffeln sofort warm verzehren.

78. Belgischer Gruß mit Käse und Äpfeln

Zubereitungszeit	Backzeit	Portionen für
40 Minuten	30 Minuten	10 Waffeln

Zutaten:

Für die belgischen Waffeln:
1 kg Mehl
2 Würfel frische Hefe
650 g Kristallzucker
3 Päckchen Vanillezucker
600 g geschmolzene Butter
7 Eier
1 Tasse warme Milch
1 Tasse Wasser
1 Prise Salz

Die Füllung:
8 TL Ahornsirup
4 EL Senf
250 g geriebenen Cheddar-Käse
2 Äpfel
Öl

Zubereitung:

Die Waffeln:

Mehl, Vanillezucker und Salz in einer Schüssel vermengen. Die erwärmte Milch in eine separate Schüssel gießen und Hefe hinein bröseln. Dann so lange umrühren, bis die Hefe komplett aufgelöst ist. Die Eier in einem Gefäß verquirlen und dann mit der Milch, dem Wasser und der zerlassenen Butter in die Mehlmischung einrühren. Ein paar Minuten gründlich rühren. Aus den Zutaten einen homogenen Teig formen und eine halbe Stunde mit einen feuchten Tuch zugedeckt an einem warmen Ort arbeiten lassen. Nach der Ruhezeit Kristallzucker hinzufügen und in den Teig einrühren. Ein herzförmiges Waffeleisen vorheizen und einfetten und anschließend Waffeln 5-10 Minuten goldbraun ausbacken. Auf einem Gitterrost auskühlen lassen.

Nun zu der Füllung:

In einer kleinen Schüssel Senf und Ahornsirup ordentlich vermengen. Die Senf Mischung anschließend auf eine der Waffel streichen. 35 g Cheddar Käse, oder je nach Belieben, auf die Waffel legen. Die Äpfel waschen, schälen und in feine Scheiben schneiden. Den auf die Waffel gestreuten Käse mit den Äpfel bedecken und noch eine Schicht Käse dazu. Abschließend mit einer Waffel. Das Sandwich auf eine mit Öl bepinselte Pfanne legen und bei mittlerer Hitze etwa 8 Minuten lang braten. Das Waffel-Sandwich mit einem Pfannenwender immer wieder hinunter drücken und bei 4 Minuten wenden. Die Waffeln durchschneiden und zum Frühstück genießen.

79. Blutrote Schokoladen-Waffeln

Zubereitungszeit	Backzeit	Portionen für
30 Minuten	20 Minuten	6 Waffeln

Zutaten:

1 TL Natron

60 g braunen Zucker

½ TL Salz

4 EL zerlassene Butter

3 große Eier

500 ml Buttermilch

1 ½ EL ungesüßter Kakaopulver

1 EL rote Lebensmittelfarbe

Zubereitung:

In einer großen Rührschüssel Mehl, Backpulver, Natron und Salz gut vermengen. Die Butter in einem Topf zergehen lassen und mit dem braunen Zucker in eine separate Schüssel schütten. Die Eier trennen und dann das Eigelb in einem Glas verquirlen. Während des Rührens der Buttermasse Eigelb und Buttermilch abwechselnd hinzufügen. Das Kakaopulver und die Lebensmittelfarbe separat in einer kleinen Schale glatt rühren und der Buttermasse hinzuführen. Die Mischung in die Schüssel mit den trockenen Zutaten rühren und zu einem dickflüssigen Teig verrühren. Das Eiweiß mit einem elektrischen Handrührgerät zu Eischnee schlagen und nach und nach in den Teig unterheben. Das Waffeleisen vorheizen und mit etwas Öl benetzen. Die Waffeln etwa 5-8 Minuten, je nach Waffeleisen, ausbacken und im Backrohr bei 100°C warm halten. Wenn alle Waffeln fertig gebacken sind, können sie auf einen Teller platziert, eventuell getürmt, werden und mit Vanilleeis und Schokoladensoße garniert werden.

Tipp: Diese Waffeln sind aufgrund ihrer blutroten Farbe perfekt für Halloween.

80. Brüssler Gruß

Zubereitungszeit	Backzeit	Portionen für
80 Minuten	35 Minuten	16 Waffeln

Zutaten:

Für den Teig:
500 g Mehl
1 Würfel oder 40 g Hefe
100 g Zucker
1 Päckchen Vanillezucker
4 Eier
500 ml Milch

4 reife Bananen
1 Prise Salz
Zitronensaft
Puderzucker
Öl

Für die Schokoladensoße:
250 g Schlagsahne
150 g Zartbitterschokolade

Zubereitung:

Die Waffeln:

Eine Platte auf niedrige Hitze einstellen und einen Topf mit der Milch darauf stellen, um sie zu erwärmen. Den Topf von der Hitze nehmen und die Hefe in Brocken hinzufügen. In der lauwarmen Milch auflösen. In einer großen Schüssel Mehl, Zucker, Vanillezucker und eine Prise Salz vermengen und die Milch in die Schüssel hinein geben. Die Masse gut vermengen. Mit einem feuchten Tuch zudecken und an einem warmen Ort 1 Stunde gehen lassen.

Wenn die Ruhezeit vorbei ist, kann die Butter geschmolzen und die Eier aufgeschlagen und getrennt werden. Während die Butter ein wenig auskühlt, kann das Eigelb verquirlt und mit dem Eiweiß ein Eischnee gemacht werden.

Das Eigelb und die Butter in den Teig rühren und den Eischnee langsam unterheben.

Die Schokoladensoße:

Die Schokolade in grobe Stücke hacken und in einem Topf die Sahne erhitzen. Sobald die Sahne etwas heiß geworden ist, kann die Schokolade dazugegeben werden und durch ständiges Rühren mit der Sahne verbunden werden. Ein Waffeleisen vorheizen und mit ein wenig Öl bepinseln. 2-3 EL der Masse in die Mitte des Waffeleisens geben und verstreichen. Goldbraun ausbacken. Die Waffeln auf einem Kuchengitter abkühlen lassen und währenddessen die Bananen schneiden und mit Zitronensaft bespritzen. Anschließend jeweils zwei Waffeln auf einen Teller mit Puderzucker, Bananen und Schokoladensoße anrichten und genießen. 8 Minuten lang braten. Das Waffel-Sandwich mit einem Pfannenwender immer wieder hinunter drücken und bei 4 Minuten wenden. Die Waffeln durchschneiden und zum Frühstück genießen.

81. Erdbeerkuchen-Waffeln

<table>
<tr><td>Zubereitungszeit
30 Minuten</td><td>Backzeit
20 Minuten</td><td>Portionen für
4 Waffeln</td></tr>
</table>

Zutaten:

Für den Teig:
250 g Mehl
1 EL Backpulver
60 g Zucker
8 EL geschmolzene Butter
2 große Eier
360 ml Vollmilch
1 TL Vanilleextrakt

Für die Erdbeeren:
½ kg Erdbeeren
2 EL Kristallzucker
1 Prise Salz

Für die Schlagsahne:
240 ml Schlagsahne
5 EL Kristallzucker
¼ TL Vanilleextrakt

Zubereitung:

Die Waffeln:
Das Mehl und das Backpulver in eine große Schüssel sieben und mit Zucker und Salz vermengen. In einer zweiten Schüssel Eier, Vanilleextrakt und Milch gut verrühren. Die Schüssel mit den trockenen Zutaten hernehmen und in der Mitte eine Mulde formen. Die Milchmischung in die Mulde gießen und mit den trockenen Zutaten vermengen. Die Butter in der Mikrowelle schmelzen und zu der Masse hinzufügen. Einen homogenen Teig formen und beiseite stellen.

Die Erdbeeren:
Die Erdbeeren waschen und vierteln. In einer Schüssel mit Zucker und Salz geben und 10 Minuten ruhen lassen. Dann so vermengen, dass auf jedem Stück ein wenig Zucker ist und mit einer Klarsichtfolie zudecken.

Die Schlagsahne:
Die Sahne gemeinsam mit dem Zucker und dem Vanilleextrakt steif schlagen. Das Waffeleisen vorheizen und mit ein wenig geschmolzener Butter oder Öl bepinseln. 2-3 EL der Masse in das Waffeleisen geben und 8 Minuten goldbraun ausbacken. Die Waffeln auf einen Teller geben und folgendermaßen anrichten: Auf eine Waffel kommt 1 EL der Erdbeeren und 1 EL der Schlagsahne. Mit einer zweiten Waffel bedecken und mit etwas Puderzucker und eventuell Beeren garnieren.

82. Erdnussbutterwaffeln mit Schokostücke

Zubereitungszeit	Backzeit	Portionen für
20 Minuten	20 Minuten	6-8 Waffeln

Zutaten:
150 g Mehl
2 EL Backpulver
120 g Zucker
60 g Butter
125 g Erdnussbutter
2 Eier
240 ml Milch
100 g Schokoladenstücke
1 Prise Salz

Zubereitung:
In einer Schüssel Erdnussbutter und Zucker verrühren. Butter in einem Topf schmelzen lassen und der Erdnussbutter-Zucker-Schüssel hinzuführen. Die Eier verquirlen und langsam dazugeben. In einer separaten Schüssel Mehl, Backpulver und eine Prise Salz vermischen. Die trockenen Zutaten nun abwechselnd mit der Milch zu den restlichen Zutaten geben und die Schokostückchen unterheben. Das Waffeleisen vorheizen und mit etwas Öl bepinseln. Die Waffeln goldbraun ausbacken und abkühlen lassen. Eventuell mit Bananen und Haselnuss-Schoko-Creme servieren.

Tipp: Es kann natürlich auch normale Schokolade für die Stückchen genommen werden. Man muss diese nur in kleine Stücke brechen.

83. Hokkaido-Waffeln

Zubereitungszeit	Backzeit	Portionen für
40 Minuten	150 Minuten	10 Waffeln

Zutaten:

190 g Mehl
2 TL Backpulver
1 ½ TL Zimt
5 EL Zucker
60 g Butter
2 Eier
240 ml Vollmilch

1 Vanilleschote
2 TL Pflanzenöl
1 kleiner etwa 600 g schwerer Hokkaidokürbis
1 Prise Salz
Puderzucker
Ahornsirup

Zubereitung:

Das Backrohr auf 175°C Ober- und Unterhitze aufheizen. Den Kürbis in die Hälfte schneiden und entkernen. Die offenen Seiten des Kürbis mit Öl einschmieren und mit der Schnittstelle nach unten in eine Auflaufform legen. Diesen mit ¼ L Wasser befüllen und anschließend ins Rohr geben. Es sollte 1 ½ Stunden gebacken werden und anschließend bei Zimmertemperatur auskühlen. Die äußere Schale des Hokkaido einfach entfernen und das Kürbisfleisch in eine Schüssel zum Pürieren mit den Pürierstab geben. Das Püree in ein Küchentuch falten und über dem Waschbecken so viel Flüssigkeit wie möglich auspressen. Eier in einer separaten Schüssel verquirlen und anschließend 250 g Kürbispüree, Zucker, Vanillemark, flüssige Butter und Milch mit den Eiern vermengen. Am besten gelingt dies per Hand mit einem Schneebesen. In einer weiteren Schüssel Mehl, Backpulver, Zimt und eine Prise Salz sieben und gut vermengen. Die trockenen Zutaten in die Schüssel mit den anderen Zutaten vermengen und einen gleichmäßigen Teig formen. Das Waffeleisen erhitzen und mit etwas Öl bepinseln. Anschließend jeweils 2-3 EL des Kürbisteigs in die Mitte des Waffeleisens geben und ca. 10 Minuten goldbraun ausbacken. Anschließend entweder auf einem Küchenrost auskühlen lassen oder sofort mit Puderzucker und Ahornsirup servieren.

84. Käsekuchen-Waffeln

Zubereitungszeit	Backzeit	Portionen für
20 Minuten	20 Minuten	4-6 Waffeln

Zutaten:

150 g Mehl
1 TL Backpulver
100 g Zucker
1 TL Vanilleextrakt
4 Eier
400 g Frischkäse
1 EL Zitronensaft
1 Prise Salz
Butter

Zubereitung:

In einer großen Schüssel Frischkäse, Eier, Zucker, Vanilleextrakt, Zitronensaft und Salz mit einen Schneebesen vermengen. Das Mehl und das Backpulver in eine separate Schüssel sieben und anschließend in die Masse einrühren. Das Waffeleisen vorheizen und mit Butter einfetten. Falls die Hitze einstellbar ist, auf mittlere Stufe stellen. 2-3 EL des Teigs in die Mitte des Waffeleisens schütten und verteilen. Die Waffeln 5-8 Minuten goldbraun ausbacken und auf einem Kuchengitter abkühlen lassen. Am Schluss mit Puderzucker und eventuell Früchten servieren.

85. Schokoladige Waffeln mit fruchtigem Gelee

<table>
<tr><td>Zubereitungszeit
60 Minuten</td><td>Backzeit
30 Minuten</td><td>Portionen für
8 Waffeln</td></tr>
</table>

Zutaten:

Für den Teig:
250 g Mehl
1 TL Backpulver
3 TL Kakaopulver
50 g Zucker
2 Päckchen Vanillezucker
125 g Butter
3 Eier
300 ml Milch
1 Prise Salz
Öl

Für das Gelee:
4 Blatt Gelatine
250 ml Kirschnektar

Für die Vanillesoße:
1 TL Speisestärke
3 EL Zucker
2 Eier
400 ml Milch
1 Becher Sahne
1 Vanilleschote

Zubereitung:

Die Vanillesoße:

Die Vanilleschote halbieren und das Vanillemark heraus kratzen. Das Mark mit der Milch und dem Zucker in einem Topf aufkochen lassen. Die Eier in einer Schüssel mit einem Schneebesen verquirlen und Speisestärke gemeinsam mit der Sahne hinzufügen. Das Ganze mit einem elektrischen Handrührgerät schön durchrühren. Das Ganze dem Topf mit der kochenden Milch hinzuführen und ein wenig köcheln lassen. Die Vanillesoße zum Abkühlen beiseite stellen.

Das Gelee:

In eine Schale kaltes Wasser geben und die Gelatine darin aufquellen lassen. Einen Topf zur Hand nehmen und Kirschnektar hinein gießen. Etwas erwärmen. Die Gelatine anschließend ausdrücken und in dem Topf mit dem Kirschnektar auflösen lassen. In einen großen Behälter füllen und abkühlen lassen. Sobald die Masse kühl ist, kann sie in den Gefrierschrank gegeben werden.

85. Schokoladige Waffeln mit fruchtigem Gelee

Zubereitungszeit	Backzeit	Portionen für
60 Minuten	30 Minuten	8 Waffeln

Die Waffeln:

In einer großen Schüssel Butter, Zucker, Vanillezucker und eine Prise Salz mit dem elektrischen Handrührgerät zu einer cremigen Masse rühren.

Die Eier in einem Glas verquirlen und während des Rührens der cremigen Masse zuführen. Mehl und Backpulver in eine separate Schüssel sieben und vermengen. Abschließend mit der Milch abwechselnd unter die Masse rühren und zu einen Teig formen. Diesen dann 20 Minuten lang ruhen lassen.

8 EL des Teiges in eine andere Schüssel geben und mit dem Kakaopulver vermengen. Das Waffeleisen währenddessen vorheizen und mit ein wenig Öl bepinseln. Den Teig mit dem Kakaopulver in eine Spritztüte transferieren. Wenn die Ruhezeit vorbei ist, kann der Teig zu Waffeln verarbeitet werden. Jeweils ca. 3 EL der Masse in das Waffeleisen geben und einige Punkte mit dem Teig in der Spritztüte machen. Goldbraun ausbacken und später abkühlen lassen. Das Gelee aus den Gefrierschrank geben und aus den Behälter nehmen. Auf eine Platte stürzen und in kleine Vierecke schneiden.

Die Waffeln mit der Vanillesoße und dem Kirschgelee servieren.

86. Selbstgemachte Braunreiswaffeln

<table>
<tr><td>Zubereitungszeit
1 Tag</td><td>Backzeit
30 Minuten</td></tr>
</table>

Zutaten:

420 g Mochi Reis
1.5 L warmes purifiziertes Wasser
80 ml Apfelessig

1 TL Meersalz
50 g Sesamkörner
Maisstärke

Zubereitung:

In einer großen Keramikschüssel 750 ml warmes Wasser mit dem Mochi Reis verrühren und Apfelessig hinzufügen. Das Ganze muss nun über Nacht bis zu 24 Stunden abgedeckt quellen. Währenddessen können die Sesamkörner ebenfalls in 600 ml Wasser mit ½ TL Salz für 4 Stunden eingeweicht und anschließend abgetrocknet werden. Sobald die Zutaten genug gequollen haben, sollen sie gründlich gewaschen und beiseite gelegt werden. Den eingeweichten Reis mit 120 ml Wasser in einem Topf zum Kochen bringen und zugedeckt köcheln lassen. So lange köcheln lassen bis der Reis das ganze Wasser aufgenommen hat und eine luftige, weiche Konsistenz besitzt. Dies kann etwa 40 Minuten dauern. Während der Reis kocht, eine große Pfanne nehmen und die abgetrockneten Sesamkörner in der Pfanne braten, bis sie zu poppen beginnen und ein Sesamduft in der Luft hängt. Sofort von der Hitze entfernen und in eine kalte Keramikschüssel geben, um sie sofort abzukühlen.

Einen Standmixer zur Hand nehmen und den heißen Reis mit den Sesamkörner auf mittlerer Stufe mixen. Währenddessen Salz zuführen.

Wenn die Masse eine dickflüssige Konsistenz aufweist sollte sie 12 Minuten zum Ruhen beiseite gestellt werden. Das Waffeleisen auf höchster Stufe aufheizen. Das Mochi auf ein mit Maisstärke bestreutes Schneidebrett legen und den Teig mit nassen Händen in mittelgroße Bälle formen. Die Bälle sollten so groß sein, dass sie ungefähr das Waffeleisen füllen. Zu kleine Bälle sind besser als zu große. Die Bällchen in die Mitte des Waffeleisens geben und knusprig ausbacken.

Tipp: Es muss nicht unbedingt purifiziertes Wasser gekauft werden. Es reicht wenn das Wasser vorher 20 Minuten gekocht wird.

87. Silvester-Waffeln

Zubereitungszeit	Backzeit	Portionen für
20 Minuten	20 Minuten	2 Waffeln

Zutaten:

Für die Waffeln:
120 g Mehl
2 TL Backpulver
20 g Zucker
40 g Butter
1 Ei
¾ TL Rosenwasser
120 g Champagner

Für den Blutorangensirup:
4 Blutorangen
220 g Zucker
1 Prise Salz

Zubereitung:

Die Waffeln:

Das Waffeleisen für dieses Rezept schon vor der Teigherstellung vorheizen, dass der Teig sofort verarbeitet werden kann. Mehl, Backpulver, Zucker und Salz in einem großen Gefäß vermengen und beiseite Stellen. Die Butter in einem Topf oder in der Mikrowelle zergehen lassen und mit einem schon vorher verquirlten Ei, Rosenwasser und Champagner verrühren. Die trockenen Zutaten in die Champagner-Mixtur langsam einrühren und sofort zu Waffeln verarbeiten. Dazu etwa 2-3 EL der Masse in die Mitte des Waffeleisens geben und goldgelb ausbacken.

Der Sirup:

Die Blutorangen in die Hälfte schneiden und auspressen. Was herauskommt sollte ungefähr 100 ml Blutorangensaft ergeben. Einen kleinen Topf zur Hand nehmen und auf eine Platte bei mittlerer Hitze stellen. Blutorangensaft und Zucker hinein schütten und mit einem Schneebesen immer wieder rühren. Sobald der Zucker aufgelöst ist kann eine Prise Salz hinzugegeben werden und der Sirup in ein Eisbad erkaltet werden lassen. Die Waffeln mit dem Sirup und eventuell eine Scheibe Butter servieren.

Tipp: Der Sirup hält etwa 2 Wochen, wenn er im Kühlschrank kalt gelagert wird.

88. Waffeln aus Marzipan mit Sahne

Zubereitungszeit	Backzeit	Portionen für
40 Minuten	20 Minuten	12 Waffeln

Zutaten:

Für den Teig:

		Für die Sahne:
250 g Mehl	125 g Schlagsahne	125 g Schlagsahne
1 ½ TL Backpulver	125 g Marzipanrohmasse	1 Päckchen Vanillezucker
70 g Zucker	3 EL Puderzucker	1 TL Vanilleextrakt
150 g Butter	1 Prise Salz	
4 Eier	Öl	
200 ml Milch		

Zubereitung:

Die Waffeln:

Die Marzipanrohmasse fein in eine Schüssel reiben und anschließend Butter, Zucker und eine Prise Salz hinzufügen. Das Ganze mit dem elektrischen Handrührgerät zu einer cremigen Masse vermengen. Ein Ei nach dem anderen einrühren und beiseite stellen. In einer separaten Schüssel Mehl und Backpulver vermengen. Die Trockenmischung gemeinsam mit der Milch abwechselnd in die Marzipan-Mischung unterrühren. Anschließend 125 g Sahne hinzufügen und alles durchrühren. Auf einem vorgeheizten und mit etwas Öl bepinselten Waffeleisen etwa 2-3 EL des Teiges in die Mitte geben und goldbraun ausbacken.

Die Sahne:

Die restliche Sahne gemeinsam mit dem Vanillezucker und dem Vanillearoma steif schlagen. Die Waffeln anschließend auf einem Küchenrost abkühlen lassen, mit Puderzucker bestreuen und mit der Sahne garnieren.

Tipp: Gut dazu passt auch fruchtige Zitrusfrucht-Marmelade.

Rechtliches und Impressum

9 783967 160345